优秀传统文化传承与发展研究

万 爽 郑 通◎著

吉林出版集团股份有限公司
全国百佳图书出版单位

图书在版编目（CIP）数据

优秀传统文化传承与发展研究 / 万爽，郑通著 . -- 长春：吉林出版集团股份有限公司，2022.12
ISBN 978-7-5731-2892-8

Ⅰ. ①优… Ⅱ. ①万… ②郑… Ⅲ. ①中华文化—研究 Ⅳ. ① K203

中国版本图书馆 CIP 数据核字 (2022) 第 245390 号

优秀传统文化传承与发展研究
YOUXIU CHUANTONG WENHUA CHUANCHENG YU FAZHAN YANJIU

著　　者	万　爽　郑　通
责任编辑	祖　航
封面设计	李　伟
开　　本	710mm×1000mm　　1/16
字　　数	235 千
印　　张	13
版　　次	2024 年 1 月第 1 版
印　　次	2024 年 1 月第 1 次印刷
印　　刷	天津和萱印刷有限公司

出　　版	吉林出版集团股份有限公司
发　　行	吉林出版集团股份有限公司
地　　址	吉林省长春市福祉大路 5788 号
邮　　编	130000
电　　话	0431-81629968
邮　　箱	11915286@qq.com
书　　号	ISBN 978-7-5731-2892-8
定　　价	78.00 元

版权所有　翻印必究

作者简介

万爽，女。毕业院校：东北大学（本科），韩国大邱大学（博士）。专业：数字媒体艺术。学历：博士研究生。工作单位：常州大学美术与设计学院。职称：讲师。

研究方向：数字媒体艺术、融合设计、优秀传统文化的数字化叙事、新媒体传播研究。

研究成果：

发表论文《新媒体环境下文旅短视频的创意传播研究》《西部电影的空间叙事研究》《优秀传统文化的数字化叙事与传播》《OBE与课程思政教育模式下〈信息可视化设计〉课程混合式教学改革研究》。

主持参与课题：

1. 江苏千品千城文旅发展有限公司IP形象开发设计项目（主持－横向课题）；

2. 江苏省高校哲学社会科学研究项目"基于创新平台竞赛育人模式的融合设计教学改革研究与实践"；

3. 常州大学教育教学研究课题"基于竞赛育人模式的应用型设计人才培养'三维，四阶，五C'推进式教学方法研究；

4. 江苏省研究生教育教学改革课题"MFA'层进项目推进式'教学模式研究"。

郑通，男。毕业学校：南京艺术学院。专业：动画设计专业。学历：硕士研究生。现工作单位：常州机电职业技术学院。职称：讲师。

研究方向：数字媒体艺术。

前　言

中华民族五千多年的悠久文明，孕育出根深叶茂、源远流长、博大精深的优秀传统文化。传统文化是中华民族语言习惯、文化传统、思想观念、情感认同的集中体现，是中华民族弥足珍贵的历史财富，同时也是中华民族凝聚力和创造力的源泉。

如今，世界各国之间竞争愈发激烈，国与国之间的竞争就是综合国力的竞争。随着社会经济文化的向前发展，传统的经济、军事、科技等硬实力已经不能完全反映一个国家的综合国力，所以世界各国越来越注重政治、经济、文化等软实力的竞争。国家软实力是在中华传统优秀文化的土壤中形成和发展起来的，继承了中华优秀传统文化的思想，并将它和现代社会文化结合起来，在继承的基础上加以创新和发展。丰富多样的优秀传统文化，广泛存在于社会的文明成果中；存在于博大精深的思想文化中；存在于民众的价值观念和行为准则中。同时，优秀的传统文化滋养出了民族精神，塑造了民族品格，陶冶了中华儿女的情操，是中华民族屹立于世界民族之林的文化基因。

中华民族的伟大复兴需要以中华文化发展繁荣为条件，必须大力弘扬中华优秀传统文化。这是因为，优秀的传统文化思想遗产仍然具有突出的价值。优秀的传统文化在树立中华民族的民族自豪感、责任感及民族自尊心、自信心方面有着突出的价值。在中国特色社会主义道路上实现民族复兴，积极继承和弘扬优秀传统文化，有利于培育和践行社会主义核心价值观，有利于推进国家治理体系和治理能力现代化，有利于提升国家文化软实力，有利于塑造和树立良好的国际形象。中华传统文化精神充满着坚韧不拔、正气凛然、奋斗拼搏的精神，教导人们志存高远、德行天下，是中华民族奋发向上的动力。在传统文化儒、道、墨、法等学派中许多精辟的思想仍在传播，深刻影响着现代社会经济文化的发展，并在传统基础上呈现出新的价值。

"不忘历史才能开辟未来,善于继承才能善于创新。"这句话告诉我们,对优秀传统文化一方面要继承,另一方面要结合时代发展进行创新,这既是社会主义实践的需要,也是中华民族伟大复兴的需要。继承就是要充分了解、认识传统文化,并在实践中加以贯彻、提倡、发挥。创新则是要和体现时代发展的经济、文化、思想相结合,对传统文化的普遍内涵进行新的诠释和改造,以使其焕发蓬勃的生命力。

在内容上,本书共分为五个章节:第一章为绪论,主要从中华优秀传统文化的内涵、中华优秀传统文化的成就、中华优秀传统文化的当代价值三个方面展开论述;第二章为中华优秀传统文化的发展,主要围绕中华优秀传统文化在国内的发展、中华优秀传统文化在国外的发展、中华优秀传统文化的现代化发展三个方面展开论述;第三章为中华优秀传统文化的传承,依次介绍了中华优秀传统文化传承的重要意义和途径、中华优秀传统文化传承与发展的关系定位、中华优秀传统文化传承与发展的原则三个方面的内容;第四章为中华优秀传统文化传承与发展的问题和对策,依次介绍了中华优秀传统文化传承与发展的现实背景、中华优秀传统文化传承与发展的主要对策两个方面的内容;第五章为中华优秀传统文化传承与发展的创新,分为四个部分内容,依次是中华优秀传统文化的叙事媒介传承与发展、中华优秀传统文化与科技文化发展、中华优秀传统文化与教育改革、中华优秀传统文化与旅游文化产业发展。

在撰写本书的过程中,作者得到了许多专家学者的帮助和指导,参考了大量的学术文献,在此表示真诚的感谢。由于作者水平有限,书中难免会有疏漏之处,希望广大同行和读者及时指正。

作者
2022 年 9 月

目录

第一章 绪论 ··· 1
  第一节 中华优秀传统文化的内涵 ·· 3
  第二节 中华优秀传统文化的成就 ·· 7
  第三节 中华优秀传统文化的当代价值 ··· 21

第二章 中华优秀传统文化的发展 ··· 45
  第一节 中华优秀传统文化在国内的发展 ·· 47
  第二节 中华优秀传统文化在国外的发展 ·· 51
  第三节 中华优秀传统文化的现代化发展 ·· 75

第三章 中华优秀传统文化的传承 ··· 91
  第一节 中华优秀传统文化传承的重要意义和途径 ····························· 93
  第二节 中华优秀传统文化传承与发展的关系定位 ··························· 117
  第三节 中华优秀传统文化传承与发展的原则 ································· 122

第四章 中华优秀传统文化传承与发展的问题和对策 ······················· 127
  第一节 中华优秀传统文化传承与发展的现实背景 ··························· 129
  第二节 中华优秀传统文化传承与发展的主要对策 ··························· 135

第五章　中华优秀传统文化传承与发展的创新·············157
第一节　中华优秀传统文化的叙事媒介传承与发展·············159
第二节　中华优秀传统文化与科技文化发展·············175
第三节　中华优秀传统文化与教育改革·············182
第四节　中华优秀传统文化与旅游文化产业发展·············189

参考文献·············195

第一章 绪论

中华优秀传统文化是中华民族在历史发展中不断积累、沉淀下来的精华,蕴含着中华民族自强不息、奋斗不止的精神追求。本章将从中华优秀传统文化的内涵、中华优秀传统文化的成就、中华优秀传统文化的当代价值三个方面进行阐述。

第一节　中华优秀传统文化的内涵

一、中国传统文化的概念

文化是一个包含多层次、多方面内容的统一体系，主要从广义文化与狭义文化两个角度考虑。广义文化一般指人类在历史发展过程中各种活动方式以及由人类活动创造的物质财富、精神财富及其他一切成果的总和。广义文化体系复杂，分析其内在逻辑结构和层次时一般将广义文化分为物质文化、精神文化、制度文化、行为文化四个层次。物质文化指人类物质生产方式及其劳动产品的总和，主要满足人类衣、食、住、行等生存需要。精神文化指人类在长期社会实践中形成于物质形态之上的思想观念等精神成果的总和，包含文学艺术和思想观念等。制度文化指人类在社会实践活动中建立的社会规范的总和，包括经济、政治、宗教等制度与组织形式。行为文化指人类交往中形成的风俗习惯等。广义文化的四个方面相互联系，体现了人与自然、人与社会、人与自身等多重关系。狭义文化主要指精神文化。

中国传统文化是指具有中国特点的传统文化。"中国"突出了文化具有的民族属性，体现了中华民族的创造性。"传统文化"则体现文化的历史继承性。中国传统文化的定义，在学术界有多种理解。顾冠华指出，中国传统文化主要是指中国几千年文明发展过程中在特定的自然环境、经济形式、政治结构、意识形态作用下形成、积累和流传下来，并且至今仍在影响着当代社会文化的"活"的中国古代文化；有的学者认为，中国传统文化是从过去发展起来的文化，是现代文化的反映；还有的学者认为，中国传统文化是存在于民族土壤中的稳定的东西，但又是动态的，是过去与现在的交融，渗入了各个不同时代的新思想、新血液。作者认为中国传统文化主要是指中华民族在历史发展过程中传承下来的、能够影响整个社会的、具有相对稳定性的精神成果的总和。

二、中国传统文化的基本特征

中国传统文化源远流长、博大精深，与西方文化形成了比较鲜明的对照。中国传统文化不仅铸造了伟大的中华民族，并在世界范围内产生了深远的影响，推动了人类文明的不断进步。

（一）刚健有为

中华民族在人类的发展史上谱写了灿烂的篇章，创造了辉煌的文化，这与中华民族"刚健有为"的民族精神是密不可分的。《易传》"天行健，君子以自强不息"，就是要求有志向、有作为的人像自然的变化发展一样，生生不息，永远向前。世界是不断发展的，人类是不断进步的，刚健有为、自强不息是人类前进的动力。中国的哲人早在2000多年前，对此已做出了精辟的论述。《中庸》云："天地之无不持载，无不覆帱，譬如四时之错行，如日月之代明，万物并育而不相害，道并行而不相悖，小德川流，大德敦化，此天地之所以大为也。"《墨子·法仪》云："天之行广而无私，其施厚而不德，其明久而不衰，故圣人法之。"这些哲人从自然规律的角度探讨人生精神，为中国文化注入了勃勃生机。人类在与自然界的矛盾和斗争中不断发展进步，人类时时被自然界所制约，人类又时时在改造着自然界，人类对自然界认识的不断加深，就是人类对自身命运的进一步把握。从这个意义上讲，刚健有为正是中华民族完善生命、把握自身、百折不挠、自强不息的力量源泉。中华民族很早就已进入了比较发达的农业社会，中国传统文化也就必然深深烙上农业文明的印记。在农业社会中，尤其是在生产力还很落后的情况下，人类在与自然界的斗争中是处于弱小地位的。正是这种弱小与强大的斗争，使中华民族更崇尚自强不息的精神，因此，在中国的古代传说中，不停地讴歌着夸父逐日、精卫填海、愚公移山这些明知不可为而为之的英雄。

（二）中庸平和

"中庸""平和"的思想，是中国传统文化的重要内容。在儒家经典之中，《中庸》位列四书，处于重要地位。《中庸》开宗明义，在第一章中就讲道："天命之谓性，率性之谓道，修道之谓教。道也者，不可须臾离也；可离，非道也。是故君子戒慎乎其所不睹，恐惧乎其所不闻，莫见乎隐，莫显乎微，故君子慎其独也。喜怒哀乐之未发，谓之中；发而皆中节，谓之和。中也者，天下之大本也；和也者，天下之达道也。致中和，天地位焉，万物育焉。"

（三）天人协调

天地苍茫，星河浩瀚，古往今来的人们置身宇宙之中，无时无刻不在探索着人与自然的关系。在天人的关系上，中国传统文化与其他文化有着根本的差异。"天人合一"是中国传统文化中一个重要命题。

在中国文化中，对天的认识和思考决定了中国人的人生方向。郭象云"天者，万物之总名"（《中国哲学简史》）就是中国古代对天的认识的高度概括。中国古人认为，天是万事万物的根源，天是万事万物的总和，天道是宇宙万物的法则，更是人生应该遵循的必然规律。《易传》曰："昔者庖牺氏之王天下也，仰则观象于天，俯则观法于地，观鸟兽之文与地之宜，近取诸身，远取诸物，于是始作八卦，以通神明之德，以类万物之情。"《易传》总结的就是中国古人对自然界的认识过程，剥去其神秘的面纱，其实是人类探索自然规律、遵循自然规律的力证。在这个探索中，天被神秘化了，天成为了囊括一切、昭示一切、主宰一切的本源。这在《易传》其他章句中可以充分证明。

随着人们对天的认识的不断加深，人们对人与天的关系如何定位提出了各种理论。如儒家的"唯天为大，唯尧则之"（《论语·泰伯》）。道家的"天地与我并生，万物与我为一"（《庄子·齐物论》）。荀子的"天人有分"、刘禹锡的"天人相胜"等。但在中国文化的主流上，人们对天人关系的定位是"天人合一"。

至汉儒董仲舒时代，"天人合一"的思想被体系化了。董仲舒从形体方面入手，以阴阳五行学说融入儒家思想，提出了"天人相类"的理论。

（四）道德本位

中国的传统社会是一个泛道德主义的社会，中国的传统文化是一种道德本位的文化。任何个人的言行都要受到道德价值的制约与评价。从帝王以至庶民，都有一套道德体系约束着。每个人的社会活动本身就是一种道德实践。因此，从这个意义上说，中国传统文化的价值系统是以道德价值为核心的，由此引发其他一切判断。正如儒家经典《大学》所讲："大学之道，在明明德，在亲民，在止于至善。""自天子以至于庶人，壹是皆以修身为本。"中国传统文化对整个社会个体的要求就是每个人都遵守自己所应遵守的道德规范，每个人都全身心地去实现自己的道德价值。孔子曾经讲："君子怀德，小人怀土；君子怀刑，小人怀惠。"(《论语·里仁》)所谓君子，就是指品质优秀、道德高尚的人，他们应该时时谨守道德规范，关心国家的典章制度，依法度行事，须臾不可放松自己的言行；而作为与君子相对照的小人，则念念不忘的是自己的生活处境，只顾获取个人的小利。孔子举出正反两个方面的例子，正是为了鞭策人们时时以君子为榜样，以道德礼法约束自己，从而使整个社会和谐稳定，不断发展。中国传统文化长期受道德本位影响，道德价值表现在社会的各个方面。

第二节　中华优秀传统文化的成就

一、思想信仰上的成就

（一）儒家思想

1. 儒家的产生

探讨儒学的产生和发展，首先要面对儒的问题。究竟什么是儒，这关系到儒学的性质，我们可以大体进行一下考证。

东汉许慎云："儒，柔也，术士之称。从人需声。"（《说文解字·人部》）东汉郑玄云："《儒行》者，以其记有道德者所行也。儒之言优也，柔也；能安人，能服人。又，儒者，儒也，以先王之道，能儒其身。"（《礼记·儒行》之《正义》引郑玄《目录》）

西汉扬雄云："通天地人曰儒，通天地而不通人，曰伎。"（《法言·君子》）西汉韩婴云："儒者，儒也。儒之为言无也。不易之术也。"（《韩诗外传·卷五》）

东汉应劭云："儒者，区也，言其区别古今。居则玩圣哲之词，动则行典籍之道。稽先王之制，立当时之事，此通儒也。若能纳而不能出，能言而不能行，讲诵而已，无能往来，此俗儒也。"（《后汉书·杜林伟》注引《风俗通》）

《周礼·天官》云："儒以道得民。"郑玄注曰："儒，诸侯保氏有六艺以教民者。"贾公彦疏曰："诸侯师氏之下又置一保氏之官，不与天子保氏同名，故号曰儒。"

以上关于"儒"的记载和训诂我们可以看出，无论解释为柔、优，还是儒，儒都是一种具有特殊行为方式或品格倾向的人。这种人最初是与"方士""伎"联系在一起的。儒的产生是早于儒家学派的，而且儒家学派建立之后，也有些方士虽不是儒者却照样称儒。儒作为一类人究竟是怎样出现的，不同学者有不同看法。胡适认为儒最初是殷的教士；冯友兰认为儒不与殷有关；郭沫若则说儒本来是邹鲁之士缙绅先生们的专号。总之，最初的儒应是有知识、懂礼仪、具有独立人格的一些知识分子，他们在春秋战国奴隶制度土崩瓦解的过程中发展成为一个特殊群体，他们凭借自身的知识，依托于各诸侯、大夫为生计。

现代意义上的"儒"是孔子建立儒家学派以后产生的。儒家作为一个独立的学派，在太史《史记》中始有评论。《史记·太史公自序》载："儒者博而寡要，劳而少功，是以其事难尽从。然其序君臣父子之礼，列夫妇长幼之别，不可易也。""夫儒者以六艺为法。六艺经传以千万数，累世不能通其学，当年不能究其礼，故曰博而寡要，劳而少功。若夫列君臣父子之礼，序夫妇长幼之别，虽百家弗能易也。"

后来班固在《汉书》中又把儒家列为诸子之首，言曰："儒家者流，盖出司徒之官，助人君顺阴阳明教化者也。游文于"六经"之中，留意于仁义之际，祖述尧舜，宪章文武，宗师仲尼，以重其言，于道最为高。"(《汉书·艺文志》)

这段话全面说明了儒家学派的来历、宗旨、始祖、宗师、经典以及影响。

2. 孔子及其思想

孔子，名丘，字仲尼，春秋鲁昌平乡陬邑（今山东曲阜东南）人。生于鲁襄公二十二年（前551年，周灵王二十一年），死于鲁哀公十六年（前479年，周敬王四十一年），享年73岁。

孔子作为中国儒家学派的奠基人，首先就在于思想体系的奠基。就是说，儒家学派的一系列思想学说，均以孔子的思想学说为根基和源头。孔子既开创了儒家学派，又是儒学的第一位大师，是"儒之所至"或"至圣"；而后世儒者，多数不能直接受教于孔子，其间私塾传承的纽带就是思想学说的联系。

仁，是孔子及儒家思想学说最基本的范畴之一。近代多数学者认为，孔子思想体系的核心是仁，这是符合实际的。《吕氏春秋·不二》篇曾以一字列举春秋战国时期十家之所贵，其中孔子即为"贵仁"。《庄子·天道》载老聃问孔子学说之"要"，孔子答曰："要在仁义。"《尸子·广泽》言"孔子贵公"，"公"字所指，亦为人际关系的平等，无偏无私，实亦"仁"也。说孔子思想体系的核心是仁，表明孔子思想的各个组成部分正是环绕于"仁"而形成一个整体。

"仁"字在《论语》中出现了百次以上，其含义宽泛而多变。每一次仁的用法和用意都各有不同，但从整体上把握来看，孔子的仁学思想是一个由近及远的四重结构，这四重结构又互有交叉渗透。孔子的仁学思想在中国传统文化中处于极其重要的地位。

3. 董仲舒及其思想

董仲舒，广川（今河北枣强县东北广川镇）人。据清人苏舆推算，约生于汉文帝前元年（前179年），卒于汉武帝太初元年（前104年）。少治《春秋》，孝景时为博士。尝"下帷讲诵，弟子传以久次相授业，或莫见其面。盖三年不窥园"（《汉书·董仲舒传》）。"仲舒治学，精思专一，志无他顾。故菜园虽在门庭，亦无暇窥视。或曰，仲舒尝乘马，而不觉其牝牡，亦言其志在经书。"（见《太平御览》八百四十引邹子语）此人品格，亦很受称道："进退容止，非礼不行，学士皆师尊之。"（《汉书·董仲舒传》）武帝征贤良对策，颇得赏识，"天子以仲舒为江都相，事易王。"易王虽骄悍好勇，仲舒亦能"以礼谊匡正，王敬重焉"（《汉书·董仲舒传》）。董仲舒治国，主张以《春秋》灾异之变推阴阳所以错行，从而采取相应的措施。时有辽东高庙、长陵高园殿灾，仲舒以为这是上天对当政者的谴告，并由此推说当杀亲近权贵以自省。说刚草具，被主父偃偷而上奏，几乎招致杀身之祸。由是仲舒不敢再说灾异。与仲舒并世的公孙弘亦治《春秋》，其学不如仲舒，却以曲阿逢迎之术，位至公卿。仲舒为人廉直，声望益高，弘嫉之，欲加害仲舒。武帝之兄胶西王刘端为人纵恣暴戾，曾数害大臣，弘乃荐"独董仲舒可使相胶西王"。幸刘端亦知仲舒为当世大儒，"善待之"。仲舒亦恐时久获罪，乃称病免归。居家始终不问产业，专以修学著书为事。朝廷或有大议，尝使就其家而问之。终老于家。

天人感应学说，是一种以天为主宰的天人合一论。这既是董仲舒思想的核心，也是西汉今文经学的主导观点。

(二)道家思想

1. 道家的产生

道家作为诸子百家之一的学术流派,产生于春秋战国时期。诸侯争霸,群雄并起,阶级矛盾日益尖锐,思想斗争也无比激烈,正是在这种情况下,道家学派应运而生了。

据《战国策》记载,当时以秦和楚两个大国为中心,进行着激烈的连横和合纵的政治、军事斗争,当时的斗争形势:不是"横成则秦帝",便是"纵成则楚王"。战争频仍,此起彼伏。各诸侯国的统治者为满足一己的穷奢极欲,更加重对人民的盘剥。老子和庄子作为道家的主要代表人物,就生长在这个历史时期。春秋战国时期的政治、军事斗争,阶级压迫和剥削,对道家思想的形成都有着直接的影响。应当说,道家的产生,是时代的产儿。

道家思想在中国传统文化中占有重要地位,发挥过重要作用。道家思想包含两个重要组成部分:其一是以老子、庄子为代表的道家学派及其思想;其二是尊崇老子为尊神的"道教"宗教思想。这两者既有联系又有根本性的差别,共同构成道家思想。

关于道家思想的起源,《汉书·艺文志》以为"出于史官",其实只是因为老子曾任史官,其道家类所列老子之前著作,作者无一为史官。当今学者多认为老子"小国寡民"的社会理想是希望回到原始社会;有的说是反映了"农民小私有者阶层的愿望";有的说是从姜太公治理齐国的思想传统发展而来。这些都同《汉书·艺文志》所列各书不一致。又有一种做法是将《老子》一书的时代置于战国中期以后,使战国早中期道家人物成《老子》的先河,但这同大量先秦文献所反映老子的年代不合。其实,老子及他之后著名的道家人物皆生长于南北交界之处。老子是宋国人,出身于宋国没落贵族;庄周也是宋国人;其他道家早中期人物也多生长于靠近南方的宋、陈、郑、杞等国。他们既深受传统文化的滋养,又对南方较偏僻之地处于酋邦社会的状况有所了解。面对北方诸侯间无休止的战争给老百姓带来的无穷灾难,他们无形中会同淮汉以南以至江南很多地方平静安定的社会状况相比，从而对北方诸侯间的争战表现出强烈的抵触、愤恨之情，同时也在深厚文化素养和开阔学术视野的基础上联想到一些根本的哲学问题，认为一切应遵从自然，合乎事物的发展规律，包括人心的向背、生活的方式等，从而提出"道""德""自然""无为"等重要的哲学概念。

2. 老子及其思想

老子是道家学派的创始人，在学术界早已达成共识，但老子究竟是什么样的人，《老子》一书成于何时，历来众说纷纭，莫衷一是。

关于老子记载最多的是《史记》，其文曰："老子者，楚苦县厉乡曲仁里人，姓李氏，名耳，字聃，周守藏室之史也。"根据《史记》记载，再参照考证其他文献，一般认为老子就是老聃。

老子的著作《老子》又称《道德经》，书仅5000余言，然则博大精深。上篇37章称"道篇"，集中阐述道的问题；下篇44章称"德篇"，围绕德的问题展开论述。老子《道德经》言简意赅，以5000多字阐发了宇宙的起源、世界的存在方式、事物的发展规律、社会的种种矛盾及其解决方法等。古往今来对《老子》一书是仁者见仁，智者见智，各得其妙用。注《老子》之书更是数不胜数，足以见得老子的思想深邃精奥。

关于老子的哲学思想，其所作《老子》在我国古代哲学史上，享有开山祖的重要地位。它的卓越贡献，是把"道"作为哲学的最高范畴。"道"，在我国古代最初用于表示人的路。《说文解字》云："道，所行道也。从首走，达谓之道。"段注："首走，行所达也。"《释宫·文行部》称四达谓之衢，九部称九达谓之道。按：许之称当是一例，当作一达谓之道，从首走，"道"，人所行也，故从走。因此，道，最初用于表示人走的路。这种"道"已含有"必须遵循"之意。后来被引申为道理、方法、原则。随着思维的发展，人们又把具有道理、方法、原则等含义的"道"，同天、地、人联系起来，从而产生了天道、地道、人道等概念。在此基础上进一步升华，产生了《老子》所说的"道"。这个"道"，既不同于平常说的道理、方法、原则等概念，也不同于天道、地道、人道等范畴。它是《老子》哲学的最高范畴。

天道、地道、人道等，最终都要服从于"道"。《老子》说："人法地，地法天，天法道，道法自然。"人、地、天都要效法"道"。"道"，则是自己如此，自然而然。因此，"道"在《老子》哲学体系中高于一切、决定一切、推动一切。"道"含有如下两层意思：一是作为生育万物的本体；二是作为事物运动变化的规律。《老子》哲学就是围绕这两重属性而展开，并构成自己完整的体系。

《老子》对宇宙本原的探讨。在《老子》中，"道"首先被看作是生育天地万物的本原。第一章说："无名天地之始，有名万物之母。"这里的"无名""有名"就是"道"的代名词，它们分别为"天地之始"与"万物之母"。这实际上是把"道"看作万物的始祖或母体。第四章说："道，……渊兮似万物之宗。"第六章说："谷神（即道）不死，是谓玄牝。玄牝之门，是谓天地根。"不难看出，这里说的"万物之宗""天地之根"，同第一章所说的"万物之母""天地之始"意义相同，都是把"道"看作生育天地万物的本原。这一点，在第二十五章也有明显的透露。该章说："有物混成，先天地生，可以为天地母。"

3. 庄子及其思想

庄子名周，蒙（今河南商丘东北）人。做过蒙地的漆园吏。蒙地在春秋和战国前期属宋，战国后期属梁。刘向《别录》称："宋之蒙人也。"陆德明《经典释文·序录》称："梁国蒙县人也。"庄周之生卒年月已不可详考，《史记》称其与梁惠王、齐宣王同时。据马叙伦《庄子年表》及其他史料考证，约生于公元前369年，卒于公元前286年。

关于庄子的生平事迹，史籍记载甚少。《史记·老子韩非列传》记述了有关庄子生平的一些片段，结合其他资料，大致情况如下：庄子过着十分艰苦的生活，靠编织草鞋为生，有时还向别人借贷。由于营养不良，他的颈子干细，面容黄瘦。庄子不愿做官。《史记》本传谓楚王遣使臣请庄子去楚国为卿相，被他拒绝了。《列御寇》也说："或聘于庄子，庄子应其使曰：'子见夫牺牛乎，衣以文绣，食以刍菽，及其牵而入于太庙，虽欲为孤犊，其可得乎。'"表现出远祸全身、无官自轻的思想倾向。

庄子对生死比较超脱。《列御寇》说：庄子将死，弟子欲厚葬之。庄子曰："吾以天地为棺椁，以日月为连璧，星辰为珠玑，万物为赍送。吾葬具岂不备邪？"他的学生说：我们怕乌鸦和老鼠把你吃了啊！庄子说：在上让乌鸦吃，在下让蝼蚁吃，"夺彼在此，何其偏也。"这是说，让天上的乌鸦和地上的老鼠蝼蚁都来吃吧，何必厚此薄彼，那不是太偏心吗？《至乐》说："庄子妻死，惠子吊之，庄子则方箕踞，鼓盆而歌。"惠施责备他不近人情。庄子说："不然，是其始死也，我独何能无概（同慨）然察其死而本无生；非徒无生也，而本无形；非徒无形也，而本无气。杂乎芒芴之间，变而有气，气变而有形，形变而有生，今又变而有死，是相与为春夏秋冬时行也……"庄子把生与死看作是自然的变化，因而主张不用为死人悲伤。

《庄子》一书是研究庄子学派思想的基本依据。最早说到《庄子》这部著作的人是司马迁。他说："其著书十余万言，大抵率寓言也。作《渔父》《盗跖》《胠箧》，以诋孔子之徒，以明《老子》之术。《畏累虚》《亢桑子》之属，皆空语无事实。"（《史记·老子韩非列传》）这里只说"其著书十余万言"及其思想倾向，未言书名和篇章数目，更无内、外、杂篇之分。《汉书·艺文志》著录："《庄子》五十二篇"始有《庄子》之名。

关于庄子的哲学思想，他主张本体论。《庄子》同《老子》一样，把"道"作为产生世界万物的最后本体。它说："夫道有情有信，无为无形；可传而不可受，可得而不可见；自本自根，未有天地，自古以固存；神鬼神帝，生天生地；在太极之先而不为高，在六极之下而不为深，先天地生而不为久，长于上古而不为老。"（《大宗师》）

这段话明确告诉我们，"道"虽然不能为人的感受所感知，但它确实是一种"自古以固存"的客观实体，它不仅能"神鬼神帝"，而且能"生天生地"。可见，"道"是产生世界万物的最后本原。

那么《庄子》的"道"究竟是物质的还是精神的呢？对于这个问题的答复，《庄子》存在互相矛盾的两种见解。《则阳》说："是故天地者，形之大者也；阴阳者，气之大者也，道为之公。"这就是说，所谓道，就是指天地、阴阳的共性，这个共性不是别的东西，而是阴阳之"气"，故曰："通天下一气耳。"在庄子看来，万物之化生，无非是阴阳二气相交的结果。《田子方》曰："至阴肃肃，至阳赫赫。肃肃出乎天，赫赫出乎地，两者交通和，而物生焉。"毫无疑义，这个"道"（气）是产生世界万物的原初物质。

这一观点，在《庄子》中并没有贯穿到底。他在承认"气"是万物本原的同时，又提出了一种"无有"的概念。《天地》说："泰初有无，无有无名，一之所起，有一而未形。物得以生，谓之德，未形者有分，且然无间，谓之命；流动而生物，物成生理，谓之形；体保神，各有仪则，谓之性。"

《庄子》的规律观。《庄子》书中的道，除了有本体的含义之外，还被视为存在于物中的客观法则。这表现在他阐述的道物关系中。从"道"与"物"的关系来看，《庄子》始终没有把"道"独立于物质世界之外，而是肯定道不离物。《庄子》的道，同帝王、神灵、日月、星辰等社会、自然现象是密切联系在一起的，并且是贯穿和渗透于万物流动变化之中的。《知北游》说："物物者与物无际（无分际），而物有际者，所谓物际者也。不际之际，际之不际者也。谓盈虚衰杀，彼为盈虚非盈虚，彼为衰杀非衰杀，彼为本末非本末，彼为积散非积散也。"这里的"物物者"、"彼"皆指道。它说明自然界的盈虚、衰杀、本末、积聚之变化都体现着道的作用，同时又说明"道"是贯穿于一切事物运动变化之中的。明确说明"物物者与物无际"（道不离物）的文字是如下一则对话：《庄子》把"道"看作世界万物的根本法则或固有规律，这是对《老子》提倡"知常"的思想的继承和发挥。它表明道家已经意识到，客观世界有其固有规律可循，只要我们认真探索，是可以顺应天道，并获得改造客观世界的应有成效。这正是道家探索自然的根本目的性。

《庄子》的发展观。《庄子》哲学在继承《老子》哲学的同时，将《老子》的朴素辩证法推向极端，形成了中国哲学史上最为典型的相对主义哲学体系。

二、科学技术上的成就

中华文明在发展过程中取得过许多伟大成就，中国传统文化在几千年的历史上烛照寰宇、灿烂辉煌，推动了人类文明的进步。中国传统文化除了思想上的非凡成就外，其他伟大成就也是数不胜数。

科学技术水平反映一个民族的智慧水平。中华民族是四大文明古国之一，很早就已经进入文明社会，在很长一段时间里，中国的科学技术处于世界领先的地位，许多发明创造对世界文明的进步起到了重要的推动作用。

我国很早就已进入农业社会，因此古代农业科学非常发达。我国历史上的古农书总数多达三四百种。我国现存最早的农书《齐民要术》，为北魏科学家贾思勰所著，距今已有1000多年。我国商周时期就已出现青铜农具，春秋战国时铁制农具已经被使用。汉代已有全部铁制的犁铧，而且铧上装置了犁镜，增强了犁的破土能力。这种装置，欧洲直到1000多年后才出现。东汉时，毕岚发明了翻车，三国时马钧加以改进，使之成为高效的水库机械。隋唐时期我国劳动人民又发明了水转筒车，这是一种水力发动的大型灌溉工具，在当时是了不起的发明创造。

我国很早就能培育品种丰富的农作物。《诗经》中提到132种植物，其中蔬菜就有20余种。我国考古工作者在浙江余姚河姆渡遗址中就发现了大量的稻谷、稻壳、稻秆和其他禾本科作物。经鉴定，这种水稻属于栽培稻中的晚籼稻。这是目前世界上已知年代最早的栽培稻。

对种子进行药物处理以抑制病虫害的发生是农业科学的重要内容。我国汉代就有了使用药剂浸种的记载，这也是世界上最早采用此法的记载。我国元代王祯的《农书》中，已有使用硫黄防治植物病虫害的记录，而美国直到1908年才有人用同样的方法防治果树病害。我国在晋代就有利用天敌防治虫害的农业方法，而美国到1850年才有同类记录，比我国晚1500多年。

我国古代在冶铸业上也取得了突出的成就。我国商代就已有十分发达的青铜器，而且用铁矿石冶炼铁器的时间不晚于春秋时期。我国湖南长沙春秋墓中出土的碳钢宝剑证明了当时的冶炼铁水平已经很高，这是世界冶金史上的奇迹。

我国古代的酿酒业也十分发达，在新石器时代的仰韶文化遗址中就发现有盛酒的容器。在此后的龙山文化遗址中，已经有品种丰富的酒器了，说明在距今5000多年时，我们的祖先已熟练掌握了酿酒技术。远在春秋战国以前，我们的先人已发明了"酒曲"酿酒法。利用曲来造酒，是酿酒技术上的一项重大发明。直至19世纪中叶，欧洲人才从我国酒曲中提炼出一种毛霉，使淀粉发酵法得以工业应用。《礼记·月令》中记录了酿酒的注意事项："秫稻必齐，曲糵必时，湛炽必洁，水泉必香，陶器必良，火齐必得。"即要求酿酒用的谷物要成熟，酒曲投放时间要恰到好处，浸煮过程中要保持清洁，酿酒用的水质要优良，盛酒用的陶器要讲究，酿酒的火候要适宜。这是对酿酒技术的高度概括，是我国酿酒技术高度发达的标志。

我国在天文学上也取得了巨大成就，很早就已有了比较精确的历法。在殷商时期中国就已经有了阴历加闰月的历法。春秋时期正式确定了19年加7闰的方法。古希腊科学家梅冬发明此法要比我国晚100多年。我国在战国时期，历法测定已相当精确，但西方直到罗马儒略、凯撒教皇颁布《儒略历》，历法才结束混乱局面。《儒略历》以365.25日为一年，这与我国秦朝的《颛顼历》相近，但时间上晚了约200年。1281年，我国元代天文学家郭守敬又创造了《授时历》，确定一年为365.2425天，与地球绕日一周的精确时间仅差26秒，与现在通行的《格里历》相同，但要比《格里历》早约300年。我国古代对天体的观测已达到相当高水平。《汉书·张衡传》记载，张衡制造的"浑天仪"，模拟日月星辰运行十分精确。他还制作了历史上第一份星图，相当精确地标出了2500多颗恒星的位置。我国古人很早就能精确推断日食、月食时间，如《太平广记》记载："唐太史李淳风校新历，太阳合朔，当蚀既，……太宗不悦，曰：'日或不蚀，卿将何以自处？'曰：'日如有不蚀，臣请死之。'及其，帝候于庭，谓淳风曰：'吾放汝与妻子别之。'对曰'尚早'刻日指影于壁：'至此则蚀。'如言而蚀，不差毫发。"（《太平广记·方士一》）

在江苏吴县新石器时代遗址中出土的葛布残片、在浙江吴兴出土的商代苎麻布残片、在河北藁城出土的商代大麻布残片，以及殷商甲骨文中关于丝、帛、桑的记载，说明中国的纺织技术至少已有四五千年的历史了。春秋战国时期，葛麻纺织已经普及中国各地，在先秦典籍中已提到名目繁多的纺织物品。到秦汉之际又出现了棉织品，特别是丝织技术，包括绸、纱、绫、罗、绢、帛等的制造，已经发展到很高的水平。湖南长沙马王堆汉墓出土的大批精巧织物充分显示，中国当时的纺织技术已达到举世无双的程度。后来，由于中外交流的加速，在欧亚大陆上形成了著名的"丝绸之路"，把中国的纺织品输入西方，对世界产生深远影响。

早在6000多年前的新石器时代，中国就发明了制陶技术。到商周时期已经出现了釉陶和青釉器皿。在河南出土的青瓷表明，我国很早就已掌握了比较成熟的瓷器制造技术。隋唐以后，中国瓷器制造技术不断发展。宋代瓷器在其配料、制胎、釉料、施釉和焙烧工艺上都达到十分精湛的水平，形成了各具特色的定窑、汝窑、官窑、哥窑、钧窑五大名窑。由于有些技术失传，有的瓷器精品在我们今天的科学技术下依然无法仿造。中国的瓷器自唐代起远销国外，风靡世界。西方人对中国的印象与中国瓷器紧密相关，在英文中China就有瓷器和中国两种含义。

火药是中国"四大发明"之一，为人类的现代化进程做出了不朽的贡献。许多史料表明，中国自春秋战国时期就逐渐了解了硝石、硫黄和木炭的性质及其配制方法，最迟在唐代就发明了以这三种物质为原料的黑色火药。北宋曾公亮所著《武经总要》中已描述多种火药武器，还记载了数种火药配方。在宋代火药已被应用于战争，到元代中国已经出现铜铸筒式火炮。元朝至顺三年（1332年）制造的"铜将军"火炮现存中国历史博物馆，是已经发现的世界上最早的火炮。

纸的发明是人类文化史上的一次伟大革命。纸张易于书写、携带，不像金、石、甲、骨那样笨重，不像竹简、木牍那样庸赘，不像丝帛、皮革那样昂贵，因此对于人类保存知识、传播知识具有不可估量的重大意义。我国很早就已掌握了造纸技术，1933年在新疆罗布淖尔，1957年在西安灞桥，1978年在陕西扶风，都先后出土了西汉时期的古纸，这是世界上最古老的植物纤维纸。到东汉和帝年间，蔡伦又改进了造纸技术，制造出原料易得、纸质优良的纸张。《后汉书》载：

"蔡伦字敬仲，桂阳人也……自古书契多编以竹简，其用缣帛者谓之纸。缣贵而简众，并不便于人。蔡伦乃造意，用树肤、麻头、敝布、渔网以为纸。元兴元年奏上。帝善其能，自是莫不从用焉。故天下咸称蔡侯纸。"（《后汉书·蔡伦传》）之后我国造纸技术不断改进，并传入日本、阿拉伯地区和欧洲。欧洲人在蔡伦之后1000多年才学会造纸技术。纸张的发明大大地推动了文化传播和信息交流，使书籍的发行和知识的普及成为可能。但最早的书籍只能由人来抄写，限制了信息传播的效率，为了冲破这种局限，中国古代劳动人民又发明了印刷术。

我国晋代出现了墨拓。在隋代出现了雕版印刷技术，即把文字刻到木板上制成阳文反字字板，再在字板上涂墨印刷的方法，这样就极大地提高了文化的传播效率。唐初长安已有商家印刷经文、医书等出售。现存的雕版印刷品《金刚经》最早版本印制于唐懿宗咸通九年，它是世界上最早的记有优秀传统文化传承的印刷物。至宋代，印刷业已十分发达。宋太祖开宝四年（971年），张从信在成都雕印全部的《大藏经》，雕版达13万多块，规模宏伟壮观。为了改进雕版印刷需反复雕版、印刷周期长、工作效率低的弊端，南宋人毕昇在1041—1048年间终于发明了活字印刷术：用胶泥刻成单字烧硬成活字，再用活字拼版印刷。这一发明大大节省了雕版人力，提高了劳动生产率，是印刷史上最重要的一次革命，对人类文化的传播与发展具有深远的影响。

指南针也是中国古代的重要发明。虽有典籍记载黄帝、蚩尤之战中黄帝已使用了指南车，但有人认为尚难确信。但东汉王充的《论衡·是应篇》中关于"司南"的记载是不可否认的，这说明中国最迟在3世纪以前已经掌握了根据地球磁场辨别方向的技术。此后人们又进一步改进指南针的制作方法，使其更加精确易用。北宋曾公亮的《武经总要》和沈括的《梦溪笔谈》都有详细记载。到元代，人们已经习惯于使用指南针指引航海方向。马克思曾说过，火药、指南针、印刷术这是预告资产阶级社会到来的三大发明。火药把骑士阶层炸得粉碎，指南针打开了世界市场并建立了殖民地，而印刷术则变成新教的工具，总的来说是变成科学复兴的手段，变成为精神文明发展创造必要前提的最强大的杠杆。中国的四大发明传到欧洲，被进一步应用和发展，成为人类向现代化进军的锐利武器。

三、文化艺术上的成就

中华民族在不断前进的历史长河中，创造了辉煌的文化艺术，其种类之多、水平之高，为丰富全人类的文化艺术宝库做出了不朽的贡献。

（一）文学艺术的成就

中华民族的祖先在很早就已经发明和使用了象形文字。殷墟出土的甲骨文说明当时文字使用已经达到很发达水平，文学艺术自然也随之分化产生。现存最早的诗歌总集《诗经》、散文集《尚书》，都以优美的文笔，抒发了当时人们的思想、情感，记述了当时历史文化、生活习俗、礼仪制度等，为我们留下了宝贵的文学遗产。春秋战国时期，诸子兴起，百家争鸣，把我国的文学艺术推向一个新的高度。《老子》文笔简洁，志趣高远，声韵流畅，意蕴玄邃；《庄子》行文恣肆，汪洋捭阖，思接千古，仪态万方；《孟子》气势盎然，质高德远，跌宕起伏，生动感人；《荀子》气魄恢宏，为文雄浑，包容百家，渊博精深；《墨子》质朴无华，行为流畅，逻辑严谨，简练精要；《战国策》叙事严密，描述生动，明畅通达，语言圆熟；《韩非子》文性俊俏，鞭辟入里，语锋犀利。总之，这一时期中国文风各异，具有撼人心魄的艺术魅力。

（二）书法绘画艺术的成就

中国的书法绘画艺术源于古代劳动人民的生产劳动实践，在漫长的发展过程中不断锤炼，成为自成一家、独具风格的宝贵民族文化遗产。

被誉为"纸上的音乐与舞蹈"的书法艺术，以纯净的线条为载体，通过汉字独特的笔画运动和结构布局，穷尽线条千变万化之神韵，创造出意境、创造出风格、创造出美的艺术。

中国书法上承殷商甲骨文、周朝金文之遗绪，几经变化发展，具有神态端庄、整齐雄伟、线条流畅、婉转圆通之特点。由于书写使用工具的不同，得到的效果也就变化万千、意味无穷。中国书法艺术并非仅仅把"字"当作一种符号来处理，只想到达意，而且把书者的"情""气"贯入其中。如元代书法家陈绎所说，情之喜怒哀乐，各有分数：喜则气和而字舒，怒则气粗而字险，哀则气郁而字敛，乐则气平而字丽。

中国绘画艺术风格独特，历史悠久。在距今六七千年前的陶器上，已有反映当时人类生产活动的绘画。以线条为主要造型手段的绘画传统形成于战国时期，至汉代已达到极高水平。长沙战国楚墓出土的《人物龙凤帛画》和《人物御龙帛画》已显示出当时绘画艺术简括生动、婉转流畅的特征。内蒙古汉墓壁画《车马出行图》《乐舞百戏图》等皆造型生动、色彩鲜明，说明当时绘画艺术的成熟。魏晋南北朝时期的绘画，如顾恺之的《女史箴图卷》《洛神赋图卷》等，色调明丽、笔法细腻、生动传神，说明当时绘画艺术的提高与发展。唐朝吴道子的神佛、人物壁画栩栩如生，所以他被誉为"画圣"。此外，阎立本的人物，展子虔的山水、边鸾，刁光胤的花鸟，曹霸、韩干的马，戴嵩、韩滉的牛等，都具有极其精湛的艺术水平。宋代绘画艺术中以张择端的《清明上河图》最为著名。这是一幅横长529厘米、纵长25厘米的长卷，描绘了当时首都东京汴梁物阜民丰、繁荣昌盛的景象，笔法细腻精工，布局错落有致，人物神态逼真，场面宏伟辽阔，艺术水平极高。宋代花鸟画也极为昌盛。黄荃、赵昌、崔白、赵佶等均负盛名。山水画名家则有李成、范宽、郭忠恕、许道宁、王诜等。苏轼、米芾等书画皆精，其以水墨为主的写意山水花鸟，俱为佳作。入元以后，许多汉族士大夫为寄托亡国忧思，同时也远身避祸使绘画以遣兴寄情。郑思肖、赵孟𫖯、黄公望、倪瓒、王冕、柯九思等人就是这些人物的代表。元灭明兴，绘画艺术更加成熟。边文进《双鹤图》《春禽花木图》等双勾重彩、笔法细腻，一时无两。戴进等人的山水花鸟则飘逸自然，不拘一格，亦成佳卷。此后沈周、文徵明、唐寅、仇英并称江南四大家。又有以徐渭、陈复道为代表的"水墨写意派"，以周之晃为代表的"花鸟画派"等各领风骚。清代名家亦众，有摹古的王时敏、王鉴、王原祁。

第三节 中华优秀传统文化的当代价值

一、中国传统文化价值的科学评价

（一）传统优秀文化的重要价值

许多学者充分认识到传统文化，特别是其中的优秀传统文化，对于当代中国和世界具有重要价值。这些重要价值主要包括：

第一，中华优秀传统文化是助推中国梦的重要文化力量。中国梦与中华优秀传统文化有着紧密的内在联系。有学者指出，中华民族自古以来追求的就是"天下为公"的"大同"社会。正是在这个意义上，我们说中国梦深深扎根于中华民族的文化土壤，凝结着中华民族的历史追求，渊源于中华民族的文化基因。实现中国梦，必须大力弘扬中华优秀传统文化，从中汲取智慧力量。中华文明源远流长的文化传统，包括政治文化传统，为我们实现民族复兴的中国梦提供了极为宝贵而丰富的思想资源和精神资源。

第二，中华优秀传统文化是推进治国理政的重要文化资源。推进国家治理体系和治理能力现代化，要借鉴人类政治文明的有益成果，这就包括了中华优秀传统文化中的政治文明成果。近几年，学术界出版了许多挖掘中华优秀传统文化中有治国理政智慧的优秀著作。

关于中华优秀传统文化与治国理政，还有一些较有深度的学术文章。有学者从"世界大同""以德治国""中庸之道""水能载舟，亦能覆舟""物极必反，盛极必衰""无为而治""韬光养晦""治大国若烹小鲜"等八个方面挖掘了这些传统智慧中的治国理念，主张将传统中国理想化的、有文化的、深入人心的一套治国理政观念，结合现代法治、监督、民本的政治观念，形成现代中国的政治文明。

第三，中华优秀传统文化是培育和弘扬社会主义核心价值观的重要文化资源。核心价值观在一定社会的文化中是起中轴作用的，是决定文化性质和方向的最深层次要素，是一个国家的重要稳定器。关于社会主义核心价值观与中华优秀传统文化的关系，以及如何在传承和弘扬中华优秀传统文化中培育和践行社会主义核心价值观，成为学界研究的热点。《国学与社会主义核心价值观》《兴国之魂：社会主义核心价值观与中华民族优秀传统文化》《社会主义核心价值观国学参考读本》等书，深入分析了社会主义核心价值观与中华优秀传统文化的渊源，认为只有从优秀传统文化中去寻根溯源、汲取营养，才能更深刻地理解、更全面地把握、更自觉地践行社会主义核心价值观。

（二）传统优秀文化的继承与传承

学界普遍认为，从公元1500年左右西方地理大发现开始，中国在世界上已经落伍了。到19世纪中叶，西方的坚船利炮打开了中国大门，西方文化汹涌而入。在西学东渐的浪潮中，可以说，在"数千年未有之大变局"中，"吾数千年之旧文明"遭遇了质疑、批判、抛弃、破坏等悲惨命运，也得到了坚守、继承、弘扬、复兴等不懈支持，批判与肯定、抛弃与弘扬激烈争锋，传统文化经受了并正在经受着冰与火的冲击。近代以来，关于如何传承和弘扬中华优秀传统文化，代表性的文化态度和方法论有以下几种：

第一，文化保守论。文化保守论的主张古已有之。早在清初，因为历法问题就引起了中外文化之争，当时有人主张：宁可使中国无好历法，不可使中国有西洋人[1]。鸦片战争之后，中国在外力的压迫下，一批开明士大夫主张"师夷长技"，学习西方先进科技乃至思想文化，发起了"洋务运动"。但学习西方的主张随即遭到顽固派的强烈反对和批判。在中国近代化历程中，文化保守主义者或许对传统文化是真诚的热爱，但他们的主张的确成为中国前进的一个障碍。

第二，"中体西用"论。随着西方列强的步步紧逼，中国士大夫阶层不得不正视西方文化。于是，在对待传统文化和西方文化的关系问题上，出现了"中体西用"的主张。著名的洋务派代表人物张之洞在《劝学篇》中对"中学为体，西学为用"的思想作了解释、论证。虽然这种主张出现在19世纪末，但它是整个

---

[1] 冯天瑜，何晓明，周积明. 中华文化史[M]. 上海：上海人民出版社，2015.

19世纪后半期的时代思潮，当时的各派知识分子，差不多都赞成此论或受到它的影响。对于"中体西用"的出现，他们主张全方位引进西方文化，包括哲学、政治、经济等学说和制度，用以代替中国现有的一切。

第三，抽象继承法。冯友兰在1957年发表了题为《中国哲学遗产的继承问题》的文章，阐述了他在传统文化继承问题上的方法论观点，提出了全面整体地理解和继承中华优秀传统文化的思维方式。他的观点被概括为"抽象继承法"。他指出，要对哲学体系中的主要命题加以分析，找出它的具体意义与抽象意义。如果有可以继承的价值，它的抽象意义是可以继承的，具体意义是不可继承的。易中天也主张"抽象继承"，他指出对待传统文化不能"全盘继承""具体继承""直接继承"，只能"抽象继承"。他认为对待先秦诸子的思想，可以把最核心、最带有普遍性的思想，从他们提出这些思想的具体环境和原因中抽离出来，只继承其中的合理部分。

第四，综合创造论。这一著名理论的提出者是张岱年、程宜山，对传统文化影响较大。早在20世纪30年代中期，张岱年就发表了一系列论文，对"中国文化向何处去""中国向何处去"等问题进行了探索，并提出了"综合创造论"。20世纪80年代后，张岱年对其进行了发展完善，于1990年在与程宜山合著出版的《中国文化与文化论争》中明确提出其文化主张是"综合创造论"。他们分析了16世纪以来历次文化论争的正误得失，指出："我们所说的辩证的综合创造是指：抛弃中西对立、体用二元的僵化思维模式，排除盲目的'华夏中心论''欧洲中心论'的干扰，在马克思主义普遍真理的指导下和社会主义原则的基础上，以开放的胸襟、兼容的态度，对古今中外的文化系统的组成要素及结构形式进行科学的分析和审慎的筛选，根据中国特色社会主义现代化建设的实际需要，发扬民族的主体意识，经过辩证的综合，创造出一种既有民族特色，又充分体现时代精神的高度发达的社会主义新中国文化。"[①]

---

① 张岱年，程宜山.中国文化与文化争论[M].北京：中国人民大学出版社，1990.

二、中国传统文化当代价值的内涵

中华优秀传统文化有利于当代中国的生产力发展、社会发展和人的自由全面发展，具有重大的当代价值，并表现出时效性、多维性和差异性的价值特点。中华优秀传统文化当代价值既是宏观的，又是微观的；既是抽象的，又是具体的；既属于中国，又属于世界。本章将结合当代中国和世界实际，着眼实现"两个一百年"奋斗目标和中华民族伟大复兴的中国梦，深入阐释中华优秀传统文化当代价值的丰富内涵。

（一）凝聚整合价值

文化凝聚力量，文化整合思想。钱穆说："由民族产生出文化，但亦由文化来陶铸了民族。没有中国民族，便没有中国文化；但亦可说没有中国文化，也就没有了此下的中国人。"[①] 中华优秀传统文化是中华民族共同的精神家园和文化标识，在民族精神凝聚整合方面始终发挥着重要作用。特别是随着世界多极化、经济全球化深入发展，文化多样化、社会信息化持续推进，各种思想思潮激烈碰撞，各种利益矛盾交织出现，各种危险考验长期存在，尤其需要中华优秀传统文化发挥凝聚整合作用。

1. 强化民族认同感

民族认同感，是民族成员对自己民族产生的认可和赞同的情感。这一情感既包括对自己民族身份的认可，即对"我属于这个民族"的认可；也包括对自己民族身份的赞同，即对"这个民族很伟大"的赞同。"认可"与"赞同"的情感相互强化，共同组成民族认同感，成为民族产生凝聚力的情感基础。这个基础牢固，民族凝聚力就强大，反之，民族凝聚力就弱小。能够强化民族认同的因素很多，民族的传统文化无疑是最重要的因素之一。

在历史上，中华优秀传统文化是强化中华民族身份认同的最重要因素。优秀文化视为民族身份的标志，视为民族自豪的依据。在漫长历史中，中华优秀传统

---

① 钱穆.中华文化十二讲[M].北京：九州出版社，2011.

文化成为中华儿女不断增强身份认同、增强理想信念的精神因素。近代以来，面对西方列强的侵略和欺凌，在中华优秀传统文化的滋养和激励下，中华民族凝聚力空前提升，最终实现了民族的独立和振兴。

当今中国，在经济全球化的浪潮中，着眼实现中华民族伟大复兴的宏伟目标，更应该强化全体中华儿女的民族身份认同，从而夯实民族凝聚力的情感基础。中华优秀传统文化是包括56个民族在内的中华民族共同创造的文化成果，是中华民族共同的文化标识，是包括海外华人华侨在内的所有中华儿女的共同精神家园。中国孔子、孟子、老子、庄子等的哲学思想，春节、清明、端午、中秋等传统节日，汉服、唐装、旗袍等传统服饰，长城、故宫、兵马俑等历史古迹，屈原、岳飞、文天祥等忠臣良将，李白、杜甫、苏轼等古典诗人，《红楼梦》《三国演义》《水浒传》《西游记》等古典小说，这些都是中华民族的文化标识，都是产生和强化共同身份认同的文化符号。传承和弘扬中华优秀传统文化，就是对我们民族文化标识的反复强调和不断确认，就是对中华儿女民族身份的反复强调和不断确认，可以极大增强中华儿女的民族认同感。

2. 维护民族团结统一

维护民族团结统一，既是实现中华民族伟大复兴的应有之义，也是实现这一伟大梦想的必要条件。实现中华民族伟大复兴必须凝聚中国力量，这个力量就是全国各族人民大团结的力量。我国是一个有着14亿多人口、56个民族的大国，只要保持团结统一、万众一心，再强的敌人也能战胜，再大的困难也能克服，再伟大的梦想也能实现。维护中华民族的团结统一，可以充分发挥中华优秀传统文化这个天然的、坚强的文化纽带作用。

中国文明既古老又连续不断，究其原因，中华优秀传统文化是维"合"促"合"的强大精神力量，是维护团结统一的坚强精神纽带。

一方面，中华优秀传统文化中有着根深蒂固的"大一统"思想。"大一统"的思想在中华民族历史上确立早、扎根深、影响远，反对分裂、维护统一的意识深深积淀在中华民族的文化心理之中。在中国人内心深处，认为国家统一是正常的，而认为国家分裂是不正常的，团结统一的思想是根深蒂固的，这就从思想深处维护和促进了民族的团结统一。

另一方面，中华优秀传统文化是促进各民族、各区域融为一体的文化熔炉。考古学发现表明，中华大地上最早散布着满天星斗般的文化区域和原始部族。在不断冲突和融合中，华夏文化逐渐成为主体，并显示出强大的包容性和先进性。随着其文化影响力的增强和辐射范围的扩大，各区域文化逐渐融合成中华文化，各少数民族逐渐融合成中华民族。中华优秀传统文化，特别是其中优秀的语言文字、文学艺术、思想理念、伦理道德、节日风俗、饮食服饰等，如同一个巨大的文化熔炉，各民族、各区域在其中交流融合，形成了民族多元一体、文化多样、和谐统一的整体。

目前，中华民族的最终统一还没有实现，维护民族团结统一的任务还很艰巨。在港澳台问题上，祖国大陆和港澳台实行的政治制度不同，占主导地位的意识形态也不同，但祖国大陆和港澳台有着共同的文化源泉和文化基础，即中华优秀传统文化，这是割舍不断、抛弃不掉的。因此，中华优秀传统文化是祖国大陆和港澳台同胞，乃至全体中华儿女共同的精神纽带，维系和加强这个精神纽带，有利于维护民族和国家的团结统一。

3. 激发精神力量

实现中华民族伟大复兴的中国梦，推动经济社会持续发展，克服各种困难，战胜各种挑战，需要我们不断激发强大的精神力量。从盘古开天地的远古传说，到抵御西方列强的近代壮举，中华优秀传统文化积累了十分丰富的精神宝藏。传承和弘扬中华优秀传统文化，能够不断激励中华儿女继续前进，凝聚起同心共筑中国梦的磅礴力量。

一是自强不息精神。"自强不息"出于《易经》："天行健，君子以自强不息。"古人认为，天上的星辰日夜运行不息，君子效法上天，也应自强不止。从历史上看，中华民族曾长期屹立世界民族之林的前列，中华文明曾长期占据人类文明的高峰，这与中华优秀传统文化中的自强不息精神是紧密相关的。

二是居安思危精神。中华民族自古以来就对国家的兴衰安危有着清醒的忧患意识。孔子说:"人无远虑,必有近忧。"孟子说:"生于忧患,死于安乐。"这些都表现出中华儿女对国家的强烈忧患意识。正因为中华民族有忧患意识,才能够经常保持清醒,才能保持自强不息的精神状态,才能长盛不衰。

三是勇于担当精神。在中国古代,"修身""齐家""治国""平天下"是读书人的人生追求和最高理想。在中国历史上,出现了很多具有担当精神的英雄,他们勇于担当起人民、民族和国家的责任。例如,古代有大禹治水三过家门而不入;现代有林则徐虎门销烟的壮举,勇于担当的精神始终是中华民族的重要精神品质。正是有了这种担当精神,中华儿女才会在国家太平时居安思危,在国家危难时挺身而出,在危险面前毫不退缩,在艰难前面敢于向前,前赴后继,勇敢担起国家和民族的重担。

四是开拓创新精神。几千年来,中华民族生生不息、发展壮大的历史,就是一部不断开拓创新的辉煌史。思想上诸子百家竞相争鸣,文学上唐诗、宋词、元曲、明清小说接续发展,科技上四大发明相继出现,外交上张骞通西域、郑和七下西洋等,都表现了中华民族的开拓创新精神。在中国历史上,先后出现了商鞅变法、胡服骑射、北魏孝文帝汉化改革、王安石变法、张居正改革等变法革新,这些都充分表现出中华民族强烈的开拓创新精神。近代以来,面对西方强势文明,中华民族发扬开拓创新精神,喊出了"穷则变,变则通,通则久"的口号,敢于变革陈旧落后的思想,敢于抛弃不合时宜的观念,以"天命不足畏,天道不足惧,祖宗不足法"的变革求新精神,从器物、制度、文化等方面进行了全方位的变革,终于再一次使中华民族凤凰涅槃般地屹立于世界民族之林。

上述这些中华优秀传统文化中的优秀精神,是中华民族几千年来始终能保持旺盛活力的精神之源。当前,实现中华民族伟大复兴的中国梦,全面建成社会主义现代化强国,仍需用中华优秀传统文化中的这些精神宝藏激发中华儿女自强不息、居安思危、勇于担当和开拓创新的精神。

（二）借鉴启发价值

中国历史悠久，积累了丰富的历史经验，形成了鲜明的发展理念，产生了深刻的治国理政智慧，其中的优秀部分至今仍具有巨大价值，能够为今天中国的发展提供有益的借鉴和启发。

1.提供历史经验借鉴

"以史为镜，可以知兴替。"（《旧唐书·魏徵传》）古今中外的政治家和思想家都非常重视从历史中汲取治国理政的经验教训。中华民族历史悠久，在漫长的历史进程中，积累了丰富的历史经验教训，可资当代借鉴。

第一，借鉴成功经验。中国历史上创造过很多值得称道的盛世，如汉朝的"文景之治""汉武盛世"，唐朝的"贞观之治""开元盛世"，明朝的"永乐盛世""仁宣之治"，清朝的"康乾盛世"等。这些时代，国家能够保持长期的社会稳定、政治清明、经济发展、百姓安居、民族和谐、文化繁荣，因此成为后世借鉴成功经验的典范。我们以"贞观之治"为例，"贞观之治"的成功经验主要有以下几点：一是以民为本，致力治国安邦。民安则国安，民富则国富，民强则国强，以民为本就抓住了治国安邦的关键，找到了富国强军的捷径。二是任贤纳谏，共图天下大治。三是修德遵法，促成安定和谐。修德和遵法是贞观年间社会治理层面的两种重要理念，如车之两轮、鸟之双翼，相互配合，相得益彰，共同促成了贞观年间社会安定和谐的局面。四是崇文尚学，推动持续发展。唐初摒弃了魏晋南北朝只重门第的选官制度，把学业优劣作为选人用人的主要标准，建立优待学子和重视学习的国家制度，还组织编写国家标准教材，从而为国家长治久安奠定了文化基础。实际上，历史上的这些盛世，其成功经验是类似的，这些成功经验对于今天的治国理政依然有着重要的借鉴价值。

第二，汲取失败教训。成功经验固然值得借鉴，失败教训更是值得汲取。纵观中国历史，有些朝代"其兴也勃焉，其亡也忽焉"，比如秦、隋；有些朝代盛世之后逐渐衰弱，比如汉唐；有些朝代文武失衡，比如宋代；有些朝代闭关自守，比如明清。总的来说，他们的失败有某些共性的教训，尤其值得后世引以为戒。

其一，国家繁重的赋税徭役导致民不聊生。秦朝建立后修筑长城、阿房宫、骊山陵寝，大量征调戍卒守边，结果导致陈胜吴广揭竿而起，百姓应者云集。隋炀帝营建东都洛阳，开挖大运河，在各地大修宫殿苑囿，三次征伐高丽，造成"天下死于役"的惨象，终于造成民变蜂起。其二，统治阶层的腐化导致执政能力下降。一个王朝建立之初，其统治阶层往往能够励精图治。而承平已久，统治阶层就逐渐变得腐化堕落，执政能力严重下降，导致国家政治腐败，社会矛盾激化。例如，唐玄宗晚年怠慢朝政、宠信奸臣，统治阶层也腐化堕落，终于导致"安史之乱"。明万历皇帝、天启皇帝贪图享乐，甚至长期不理朝政，致使明朝民生凋敝。其三，武备废弛严重而无法抵御外部入侵。清代初期八旗铁骑所向披靡，但长期安逸"忘战"，武备废弛，到了晚清不仅法纪不严、作风不良，而且兵制僵化、武器落后，战斗力很弱，在与西方列强的抗衡中屡战屡败。以上这些深刻的历史教训依然值得今天借鉴。

2. 提供发展理念的启发

中华民族在长期的发展过程中，形成了极具民族特色、极为深刻博大的发展理念，这些发展理念对中华民族的发展壮大产生过极其重要的影响和作用，对于今天的治国理政仍具有重要启发意义。以下几个发展理念，尤其具有启发意义。

第一，"民惟邦本"的理念。"重民本"是中国古代治国理政思想的精华。从夏禹开始，中国古代统治者就很重视民本思想。总的来看，中国古代民本思想有以下几个层面内容：其一，把民心向背视为国家兴亡的关键。其二，把造福民众作为国家施政的重点。例如，孔子主张："节用而爱人，使民以时。"（《论语·学而》）其三，把弱势群体作为国家关照的对象。从《礼记》"鳏寡孤独废疾者皆有所养"（《礼记·礼运》）的社会理想，到孟子对"天下之穷民而无告者"（《孟子·梁惠王下》）的特别关注，再到杜甫"安得广厦千万间，大庇天下寒士俱欢颜"（《茅屋为秋风所破歌》）的人文情怀，无不表现出对社会弱势群体的重点关照。虽然，历史上"重民本"的思想并不总能得到执行和贯彻，"民为贵，社稷次之，君为轻"（《孟子·尽心下》）的主张也往往流于口号，但这一思想毕竟得到了广泛认同，产生了积极影响。今天，我们既要从"民惟邦本"的理念中汲取思想精华，又要有所创新发展，在治国理政实践中坚持以人民为中心的发展思想，多谋民生之利，多解民生之忧，消除贫困现象，实现共同富裕。

第二，"德法合治"的理念。在如何治理国家的问题上，中国古代长期存在"德治"与"法治"之争，这尤其是先秦儒家和法家思想争论的焦点。儒家主张以"德"治国。孔子认为，在治国问题上，"法"仅能治标，而"德"才能治本，应该把"德"作为治国理政的核心理念。对此，法家持反对态度，主张以"法"治国。韩非子认为国家只有依"法"而治，才能变得强盛。以"德"治国还是以"法"治国的争论在历史上深入而持久，但在历史实践中，"德法合治"实际上成为许多升平之世的治国原则。文景之治、贞观之治都是既注重"德"治，又注重"法"治，是"德"与"法"有效结合。实际上，"德"治和"法"治是辩证统一关系。"法"是硬性规定，督促人"不敢做"坏事；"德"是柔性倡导，教化人"不愿做"坏事。没有"德"治，"法"治将难堪重负；没有"法"治，"德"治将失去保障。因此，"德法合治"的理念启示我们，在治国理政中要处理好"法"治与"德"治的关系，既要推进全面依法治国，也应注重道德建设，进而打牢依法治国的道德基础。

第三，"法古革新"的理念。中国古代在"德"与"法"之争的同时，也伴随着"古"与"新"之争。所谓"古"与"新"之争，就是在治国理政上的"法古"与"革新"之争。在中国古代历史上，"古"与"新"之争不断发生，商鞅变法、胡服骑射、王安石变法、戊戌变法等历次变法都交织着这两种思想的斗争，深刻影响着历史的走向。商鞅变法、胡服骑射中"革新"理念占了上风，结果使秦国、赵国迅速变成军事强国。王安石变法、戊戌变法中"法古"思想占了上风，结果两次改革都最终失败，北宋王朝和清王朝也积弊难除、积重难返，最终走上王朝覆灭之路。总的来说，在中国历史上"法古"理念总是强于"革新"理念，这一情况一直持续到晚清。实际上，"法古"和"革新"与"古"和"新"一样，也是辩证统一关系。"法古"和"革新"不可偏废，好的传统要继承，坏的传统要革新。近代以来，"法古"派抱残守缺，阻碍了历史发展。而一些激进的"革新"派主张革除一切传统,"全盘西化",甚至要抛弃汉字,这也不利于历史发展。因此,"法古革新"的理念启示我们,在治国理政中要处理好"法古"和"革新"的关系,既要勇于改革创新,又要坚守优良传统,并善于从优良传统中汲取改革创新的智慧和营养。

3. 提供治国的智慧

中国古代积累了很多治国理政的智慧,虽然这些智慧主要是在封建专制制度下形成的,其中一些封建糟粕已经被历史证明具有巨大的危害性,但其中也有很多优秀内容对今天的治国理政具有很大的借鉴启发意义。下面列举三点加以分析。

第一,选人用人智慧。一是把人才视为国家强弱的关键。人才的去留,很大程度上决定了一国的兴衰。二是把"德"和"才"作为选人用人的标准。古代在选人用人时,把"德"和"才"作为重要的选择标准。在乱世,"才"往往是第一标准,比如,春秋战国时期的吴起、苏秦、张仪等,他们品德一般而才华出众。在治世,"德"比"才"更受重视。对于今天,选人用人依然是治国理政的重要内容,古代文化中选人用人的智慧依然具有借鉴意义。

第二,反腐倡廉智慧。我国古代积累了优秀的廉政文化,既有提倡廉洁的优秀思想,也有惩治贪腐的实践经验,是我们今天推进反腐倡廉建设的宝贵资源。一方面,注重廉政理念灌输。一是公而不私。二是"正而不偏",为官者只有从自身做起,才能以上率下、政令畅通。三是"清而不浊"。《广雅》上说:"廉,清也。"清清白白做官,是廉政的题中应有之义。四是"俭而不奢"。《左传》上说:"俭,德之共也;侈,恶之大也。"(《左传·庄公二十四年》)生活奢侈的官员,很难做到廉洁从政。通过上述廉政理念的灌输,能够在一定程度上防止腐败。另一方面,建立反腐倡廉机制。为了实现廉政,中国古人还设计了一套行之有效的制度。据《周礼》记载,中国早在周代便设有治贪促廉的监察官,秦汉以来历朝历代都设有相应的监察机构,且形成了较为完备的监察制度。这些监察机构独立性强、地位崇高、权力巨大,虽有很大局限,但在一定程度上对各级官员形成震慑,减少了贪腐行为,促进了政治清明。当前,我国反腐倡廉取得很大成就,但反腐形势依然严峻。因此，借鉴古代反腐倡廉智慧，有利于筑牢拒腐防变的思想道德防线，加强反腐倡廉制度建设，提高拒腐防变能力。

第三，为官从政智慧。中国历史上积累了很多为官从政的智慧，其中也不乏对今天有启发意义的智慧。一是修身为本。儒家经典《大学》强调："物格而后知至，知至而后意诚，意诚而后心正，心正而后身修，身修而后家齐，家齐而后国治，国治而后天下平。"二是忠于职守。孔子说："不在其位，不谋其政。"就是强调为官从政要忠于职守，既不能"缺位"，也不能"越位"。三是谦虚谨慎。历史上很多为官从政者因谦虚谨慎而善始善终，因骄奢淫逸而身败名裂。中国古代为官从政智慧内容非常丰富，上面仅列举了几个要点。这些智慧所体现出的正能量，与现代政治文明的要求并不违背，且具有永恒的借鉴价值。

（三）德育教化价值

改革开放以来，我国在物质文明和精神文明建设方面都取得了巨大成就。但相比而言，精神文明建设相对滞后，一些领域存在道德失范、诚信缺失现象。加强精神文明建设，提高全民族道德素质，在全社会培育和践行社会主义核心价值观，是一项重要而紧迫的任务。中华民族历史上形成了许多宝贵的德育教化资源，积累了丰富的道德教化经验，在今天依然能够发挥巨大价值。

1. 提供德育教化资源

中国传统德育教化资源是中华优秀传统文化的重要组成部分，它既包括中华传统美德提倡的道德规范，也包括践行这些道德规范的道德典范。

第一，中华传统美德。中华民族是一个崇尚道德的民族，伦理道德在传统文化中占据至高无上地位。《左传》提出了"三不朽"，并把"立德"放在"三不朽"的首位。孔子把"德"放在"为政"的中心位置。孟子认为把道德教化视为人与动物的根本区别。正因为如此重视道德，所以中国古人提出和形成了内容丰富、体系完备的道德规范。如儒家提出的仁、义、忠、诚、孝、悌、慈、敬等，以及后来形成的"三纲""五常""三从""四德"等。这些传统道德规范中虽然有很多糟粕，但主体是中华民族的传统美德。这些传统美德是中华优秀传统文化的精髓，有着深远的历史积淀和深厚的民意基础，是中国老百姓几千年来认可、赞同、习惯了的道德规范，因此它们在古代曾发挥过重要作用。当前，我们倡导社会主义核心价值观，从某种程度上说它是对中华传统美德的当代升华，是传统美德与时代精神的有机结合。因此，我们在培育和践行社会主义核心价值观的过程中，要注重用中华传统美德滋润心灵、教化大众。

第二，传统道德典范。孔子认为榜样的力量是无穷的。我国历来重视榜样教育，把一些道德典范作为"见贤思齐"的榜样，培养人的品格，引导人的行为。《三字经》就善于用道德典范进行道德教育，把"香九龄，能温席""融四岁，能让梨""如囊萤，如映雪"等优秀榜样或优秀事迹作为儿童效仿学习的对象。在中国历史上，有许多践行中华传统美德的典范，他们的高尚品格和崇高行为具有永不褪色的价值。以"爱国"为例，屈原、霍去病、苏武、花木兰、范仲淹、岳飞、文天祥、于谦、袁崇焕、林则徐、邓世昌等，他们的爱国精神和爱国事迹依然可以成为今天爱国主义教育的优秀榜样。在道德榜样的高尚人格和事迹中，什么是真善美，什么是假恶丑；什么值得肯定赞扬，什么需要反对否定；什么应该做，应该怎样做，什么不该做，都生动具体地显现出来。如今，上述这些选人用人智慧依然具有借鉴意义。

2. 提供德育教化经验

中华民族自古以来就非常重视道德教育。早在夏商周三代，政府就开设了"校""序""庠"等官方教育机构，进行知识教育和道德教育。春秋战国时期，孔子主张"有教无类"，对人民既要"富之"，又要"教之"。孟子也主张统治者在解决了人民温饱之后，进行道德教育。秦汉以来，历朝历代虽然主张的道德内容不同，但都重视道德教育，视德教为立国之本。几千年来，中华民族积累了非常丰富的德教理论和实践经验，探索了许多行之有效的德教方法，这些理论、经验和方法对于今天的道德建设具有很好的启发意义。

中国传统德教具有鲜明特色，以下几种德教方法值得今天借鉴。

一是循序渐进的方法。中国古人已经认识到，人的道德教育是一个循序渐进的过程，不能一蹴而就。古人注重道德教育的阶段性和连续性，儿童道德教育从简单的《三字经》《弟子规》开始，随着年龄的成长逐渐转入"四书五经"的道德教育，使其有一个循序渐进、逐渐深入的过程。鲁迅在《从百草园到三味书屋》一文中回忆童年教育时说："我就只读书，正午习字，晚上对课。先生最初这几天对我很严厉，后来却好起来了，不过给我读的书渐渐加多，对课也渐渐地加上字去，从三言到五言，终于到七言。"这段回忆，生动形象地描述了中国古代循序渐进的教育方法。

二是循循善诱的方法。循循善诱的教育方法不仅注重教育的次序，更注重教育的效果。"善诱"强调教育的启发性和趣味性，用深入浅出、寓教于乐的教育方法，把枯燥深奥的道德规范变成受教育者爱学、乐学的生动内容。

三是家庭教育的方法。中国古人非常重视家庭教育，把家教作为道德教育的重要手段。中国古代留下了许多家训，著名的有诸葛亮的《诫子书》、颜之推的《颜氏家训》、司马光的《温公家范》、朱柏庐的《朱子家训》、曾国藩的《家书》等，这对中国古代的家庭教育影响很大。在家庭教育下，形成良好家风，这既是家庭教育的结果，也是家庭教育的环境。

中国传统家庭美德和家庭教育方法，今天也值得人们学习借鉴。中国传统道德教育中形成的注重循序渐进、循循善诱、家训家风的教育方法，是古人在长期教育实践中探索出来的行之有效的方法，能给我们今天的道德教育以有益启发。

（四）审美娱乐价值

在中华优秀传统文化中，传统文学艺术作品不仅数量大，而且质量高，是中华民族的文学瑰宝。从内容上说，传统文艺不仅包括古代诗歌、散文、小说、戏剧等文学作品和绘画、书法、建筑、雕刻、音乐等艺术作品，还包括历史、哲学等方面的作品。文学艺术具有认识功能、教育功能、补偿功能、交际功能等多重功能，但最根本、最主要的还是审美娱乐功能。文艺作品的审美娱乐价值，既包括直接地丰富精神生活的价值，也包括间接地提升精神品格的价值。中国传统文学艺术，对于今天依然具有这两个方面的巨大价值。

1. 丰富精神生活

人类的生活包括物质生活和精神生活，人类的需要也包括物质需要和精神需要。文学艺术可能是人类最早产生、最为重要的精神财富种类之一，它通过特有的美感满足人类的精神需要，丰富人类的精神生活。中国传统文学艺术，因其独特的艺术魅力，不仅能够使人"兴感怡悦"，还能够丰富人们的精神生活。今天，它依然可以通过娱乐、补偿、纾解等审美方式，缓解人们精神上的空虚、缺憾、郁闷等负面情绪，从而丰富我们的精神生活。

第一，使人愉悦。艺术最直接的功能就是娱乐功能，艺术（包括严肃的艺术）可以愉悦人的精神世界。中国传统的文学、音乐、舞蹈等作品，具有很强的娱乐成分。中国传统的文艺作品，如唐诗宋词元曲等诗歌、四大名著等小说、《史记》《汉书》等历史著作、《庄子》《孟子》等哲学著作，对于今天依然具有很强的娱乐价值。

第二，给予补偿。人类的生活经常受到各种局限，如时间局限、空间局限、情感局限、地位局限等。因为这些局限，人的生活是不完美的、有缺憾的。这种缺憾可以通过文艺得到一定程度的补偿。中国传统文学艺术能够丰富人的精神生活，其中一个重要表现就是它可以在一定程度上补偿人的这些缺憾。例如，传统文艺中有大量描绘中国名山大川的作品，它们纵横万里，使人有身临其境之感；针对人的情感局限，传统文艺中有大量表现人喜怒哀乐、爱恨情仇的作品，人们可以在这些作品中体会到各种情感，从而得到精神的慰藉；针对人的地位局限，传统文艺中描写了各种人的人生，人们可以从中体会各种人的生活苦乐。所以，中国传统文艺在今天依然具有很强的补偿价值。

第三，纾解精神。文艺除了愉悦人的精神、补偿人的缺憾之外，还可以纾解人的郁闷。人类在生活中会遇到各种各样的曲折坎坷，会积累诸如阴郁、苦闷、焦虑等情绪，这些情绪可以在欣赏文艺作品的过程中得到纾解。唐代诗人白居易在《琵琶行》中记载，他谪居期间欣赏了一曲琵琶，从而得到了精神上的纾解。

2. 提升精神品格

艺术的审美价值，除直接丰富人的精神生活外，还可以提升人的精神品格。中国传统文艺作品，可以净化人的心灵，陶冶人的情操，提高人的品位，从而提升人的精神品格。

第一，净化心灵。人的心灵里不仅有真善美，也有假恶丑，艺术具有净化心灵的功能。中国传统文艺蕴含着高洁、仁爱、义勇、忠诚、执着等正能量，可以发挥净化心灵的作用。比如，我们可以从孟子"富贵不能淫，贫贱不能移，威武不能屈"的高洁中，净化心灵中的贪婪；从杜甫"安得广厦千万间，大庇天下寒士俱欢颜"的博爱中，净化心灵中的自私；从文天祥"人生自古谁无死，留取丹心照汗青"的义勇中，净化心灵中的怯懦。

第二，陶冶情操。艺术在净化心灵的基础上，又具有陶冶情操的功能。它通过艺术美对人的刺激，如烧制陶器、冶炼金属一般，激发人的某种情感，使人具有相应的操守。人们欣赏传统文艺的过程，也是陶冶情操的过程。以阅读传统文学作品为例，阅读苏轼的诗词文赋，我们会被他的乐观豁达所打动，从而陶冶追求旷达的情操；阅读《红楼梦》，我们会被林黛玉、贾宝玉之间的纯美爱情感染，从而陶冶追求真爱的情操等。这就是传统文艺陶冶情操的价值。

第三，提高品位。艺术的审美功能，还体现在提高人的品位上。首先，欣赏传统文艺可以提高人的审美品位，提升审美素养。欣赏传统文艺作品，对于文艺创造者，可以提高创造美的能力，从而创造出更好的作品；对于文艺欣赏者，可以提高欣赏美的能力，从而获得更多的审美体验。其次，欣赏传统文艺可以提高人的精神品位。在欣赏传统文艺作品的过程中，人们欣赏美、辨别美的能力提高的同时，人的精神品位也有了提高。

（五）文化产业价值

随着知识和科技对经济社会发展的影响日益深入，文化与经济出现加快融合的趋势，文化产业作为一个向阳产业蓬勃发展。21世纪以来，世界上主要大国都非常重视文化产业的发展，文化产业已成为国家间竞争的新领域。近年来，我国非常重视文化产业发展，党的十八大报告提出了"文化产业成为国民经济支柱性产业"的发展目标，中华优秀传统文化博大精深，与文化产业相辅相成、相得益彰，一方面文化产业的发展有利于中华优秀传统文化的传承和弘扬，另一方面中华优秀传统文化的优秀资源对于文化产业的发展也具有重要价值。

1. 为文化生产提供丰富的文化资源

文化产业的发展，离不开优秀的文化资源。在文化资源中，历史文化资源是极为重要的资源。中国作为历史文化悠久的大国，历史文化资源非常丰富，这是我国文化产业发展所具有的得天独厚的优越条件。

第一，影视业。在热播的电影和电视剧中，历史文化题材的作品占据很大比重。事实上，中华优秀传统文化中的丰富内容，如著名历史事件和历史人物、元杂剧、明清小说和戏剧、民间故事传说等，都可以成为影视业的优秀素材。历史题材的电视剧《大秦帝国》《汉武大帝》《大明王朝》《雍正王朝》等，改编自小说名著的《红楼梦》《三国演义》《水浒传》《西游记》等，以传统文化为素材的《舌尖上的中国》《故宫》等，都取得了很好的经济效益和社会效益。

第二，文化旅游业。随着人们生活水平的提高和文化层次的提升，文化旅游在旅游业中的地位越来越重要。中国丰富的历史文化资源，可以给文化旅游产业提供重要支撑。截至2017年，中国世界遗产总数达到52处，其中文化遗产36处，世界自然与文化双重遗产4处，数量位居世界前列，其中包括长城、故宫、颐和园、敦煌莫高窟、秦始皇陵及兵马俑坑、布达拉宫、龙门石窟、云冈石窟、丽江古城、丝绸之路、中国大运河等世界级知名文化遗产。除了这些世界级的文化遗产，中国各地历史遗迹、历史古迹更是数不胜数。这些文化遗产如果得到充分发掘利用，必将大大促进文化旅游业的发展。

第三，新闻出版业。近几年，我国新闻出版产业营收持续增长，中华优秀传统文化的丰富资源，可以为新闻出版产业提供源源不断的优秀素材。另外，对于动画、游戏、教育培训等文化产业，中华优秀传统文化都可以提供大量文化资源。

中国虽然是历史文化资源大国，但开发和利用还非常不足。更有中国传统历史文化资源被其他国家利用的情况,如"花木兰""功夫"等中国传统文化元素被拍成电影《花木兰》《功夫熊猫》等好莱坞电影,《西游记》《水浒传》《三国志》等中国古典名著被日本游戏公司抢注为游戏商标,源于中国的端午节被韩国"江陵端午祭"申遗成功等。这些现象充分说明中华优秀传统文化完全可以成为文化产业的优秀资源,同时,也提醒我们要重视中华优秀传统文化在文化产业发展中的重要地位。

2. 为文化消费拓展强大的市场需求

文化产业的发展与消费者的文化需求数量和需求层次密切相关。一般来说,影响文化需求的因素包括消费者收入、消费者喜好、文化产品质量等几个方面。随着人们收入水平的提高,文化产品的消费占比将逐渐加大,文化消费总量也将大幅提升。与此同时,我国消费者受教育程度越来越高,这也将提升文化消费的层次。中华优秀传统文化不仅能够为文化产品的生产提供丰富的文化资源,而且可以为文化产品的消费拓展出强大的市场需求。

第一,中华优秀传统文化提升文化产品的市场需求。20世纪80年代以来,"传统文化热""国学热"持续升温,中华优秀传统文化与文化产业交融日益紧密,这极大提升了消费者对文化产品的需求。一是提升文化产品的质量。"问渠那得清如许,为有源头活水来。"中华优秀传统文化为文化产业提供了大量优质资源,直接提升了文化产品的质量,从而提升了文化产品在消费者心中的形象。比如,古典小说改编成的影视作品,成为文化产业中的精品,大大提升了文化产品的形象。二是刺激消费者的文化需求。改革开放以来,我国民众受教育程度逐渐提升,特别是中华优秀传统文化教育持续加强,激起了民众对文化产品的兴趣,这就大大刺激了消费者对文化产品的需求。三是提高消费者的文化品位。中华优秀传统文化数量大、质量高,人们在传承和弘扬中华优秀传统文化过程中提升了文化素养,提高了欣赏文化产品的能力,从而提高了对文化产品的需求。事实表明,中华优秀传统文化作为文化产品的重要元素,促进了文化市场的繁荣。

第二,中华优秀传统文化拓展中国文化产业的世界市场。有学者曾指出我国文化产业发展中的一个尴尬现象："越来越多的中国企业挺进世界500强，我们的文化企业却拿不出一个名扬世界的品牌；当美国大片、日本动漫、韩国电视剧攻占中国市场时，我们的文化产品走出去却始终步履维艰。"[1]这一尴尬现象说明了我国文化产业在世界上的弱势地位。产生这一现象的原因，是中国文化产品数量多、质量不高，无法赢得世界其他国家消费者的青睐。改变这一尴尬现象，必须提高文化产品质量，改善文化产品形象。以电影为例，荣获第73届奥斯卡最佳外语片奖的中国古装电影《卧虎藏龙》，以中国元素为主要题材的好莱坞动画片《花木兰》和《功夫熊猫》系列，在一定程度上为中华文化赢得了声誉，也为中国文化产业拓展了市场。因此，要推动中华优秀传统文化走出国门、走向世界，让世界人民体会到中华优秀传统文化的独特魅力和迷人风采，将提升中国文化产品在世界上的影响力和吸引力，为中国文化产业拓展出广阔的世界市场。

（六）世界和平与发展价值

中华优秀传统文化既属于中国，也属于世界；既具有中国价值，也具有世界价值。一方面，当今世界人类面临许多突出难题，经济增长乏力、地区发展不均、局部战争不断、恐怖主义肆虐、生态环境恶化等问题严重威胁着世界的和平与发展，中华优秀传统文化有助于这些问题的解决。另一方面，中华优秀传统文化富有民族特色，具有无穷魅力，是人类文化的优秀部分，能给世界其他国家的人民带来精神的享受。

1. 以和为贵的发展理念

在如何实现发展的问题上，世界历史上曾产生过两种相反的发展理念："争"的发展理念与"和"的发展理念。历史上许多国家和民族通过"争"的方式实现富强，15世纪以来，一些西方国家通过掠夺、战争的方式谋求国家发展，给人类带来了深重灾难，中国也曾深受其害。当今世界，局部战争不断，地区冲突频发，世界大战的危险仍在，其根源是一些国家和民族根深蒂固的"争"的发展理念。

---

[1] 探寻文化发展强国之路[N]. 光明日报，2014-03-14（8）.

同时，人与人之"争"，人与自然之"争"，造成了个人主义恶性膨胀、生态环境严重破坏等人类难题。

与"争"的发展理念相反，中国古人主要选择了"和"的发展理念。"和"的发展理念包括两个方面：一是对内追求和谐发展，包括追求人与自身和谐、人与人和谐、人与社会和谐及人与自然和谐。二是对外追求和平发展。中国古代在谋求国家发展、处理国际关系时主张采取和平方式。

中国"和"的发展理念得到了世界一些著名学者的认可和重视。当今世界科学技术越来越发达，武器装备也越来越先进，战争已是人类不能承受之重，中国以和为贵的发展理念正是解决冲突、消弭战火、预防战争的思想良方。

2. 公平正义的价值追求

西方有句名言："没有永远的朋友，只有永恒的利益。"这句话被西方人奉为处理人际关系、国际关系的圭臬。历史学家司马迁说："利诚乱之始也。"（《史记·孟子荀卿列传》）唯利是图的价值追求，是人类历史上许多问题产生的重要原因。当今世界，诸如恐怖主义、局部战争、贫富不均、生态破坏等问题，都可以视为唯利是图价值追求的结果。解决这些难题，必须转变唯利是图的价值追求。中华优秀传统文化中公平正义的价值追求，正确处理了"利益""公平""正义"的关系，能给解决当前许多人类难题以重要启发。

在追求正义方面，中华民族表现出先义后利、义利兼顾的价值取向。一是反对见利忘义。孔子说："不义而富且贵，于我如浮云。"（《论语·述而》）荀子说："先义而后利者荣，先利而后义者辱。"（《荀子·荣辱》）都是反对见利忘义，主张见利思义。二是主张以义为利。《左传》上说："义，利之本也。"（《左传·昭公十年》）《大学》也指出："国不以利为利，以义为利也。"（《礼记·大学》）把"义"看作最大的"利"，最根本的"利"。三是提倡义利兼顾。清代颜元批评"义"与"利"分裂对立的偏见，提出了"正其谊以谋其利，明其道而计其功"（《四书正误》卷一）的命题，将"义"与"利"有机统一起来。

在追求公平方面，中华民族主张公而不私、正而不偏。中国古代对"公"和

"正"非常重视,甚至把它们上升到关系国家兴亡的高度。关于"公",荀子说:"公生明,偏生暗。"(《荀子·不苟》)苏轼说:"治国莫先于公。"(《司马温公行状》)程颢、程颐也强调:"一心可以丧邦,一心可以兴邦,只在公私之间尔。"(《二程集河南程氏遗书·卷第十一》)关于"正",孔子说:"政者,正也。"(《论语·颜渊》)"其身正,不令而行;其不正,虽令不从。"(《论语·子路》)孟子也说:"行有不得者,皆反求诸己,其身正而天下归之。"(《孟子·离娄上》)中国古代对"公正"的追求,鲜明地体现在"大同"社会理想中。《礼记·礼运》记载:"大道之行也,天下为公。选贤与能,讲信修睦,故人不独亲其亲,不独子其子,使老有所终,壮有所用,幼有所长,鳏寡孤独废疾者,皆有所养。""大同"社会是一个百姓丰衣足食、安居乐业的社会,更是一个人人平等、公平正义的社会。追求公平正义并不否定利益,而是正当处理"公平"与"利益"、"正义"与"利益"的关系,从而"兴天下之利,除天下之害"(《墨子·非攻下》)。近年来,在处理国际关系问题上,习近平多次强调要践行"正确义利观",指出:"要找到利益的共同点和交汇点,坚持正确义利观,有原则、讲情谊、讲道义,多向发展中国家提供力所能及的帮助。"[①] "中国坚持国家不分大小、强弱、贫富一律平等,秉持公道、伸张正义,反对以大欺小、以强凌弱、以富压贫。""正确义利观"正是中华优秀传统文化中的重要内容,对当代人类正确处理"义"与"利"的关系,解决人类难题都具有重要的启示意义。

3. *辩证综合的思维方式*

国学大师季羡林认为,几百年来西方文化产生许多弊端,如环境污染、生态破坏、人口爆炸、疾病丛生、资源匮乏等。如果这些问题得不到纠正,人类前途将岌岌可危。他指出:"弊端产生的根源,与西方文化分析的思维方式有紧密联系。"许多学者认同这种看法,认为中国注重辩证综合的思维方式有利于解决人类面临的许多难题。

中西思维方式各有特点。西方注重逻辑分析,中国更注重辩证综合,表现为

[①] 季羡林.三十年河东三十年河西[M].北京:当代中国出版社,2006.

重整体、讲辩证、尚体悟的思维特点。逻辑分析的方法对人类文明,特别是科技文明做出了巨大贡献,并仍是当代最重要的思维方式之一。中国辩证综合的思维方式虽然被认为是中国明清以来科技落后的重要原因,但在解决当代人类难题方面也有一定优势。一是注重从整体看局部,把万事万物看成紧密联系的整体,从而主张从局部现象观察整体问题,从整体角度解决局部问题。二是注重以辩证促平衡,认为万事万物都体现着对立统一,只有辩证把握这些对立统一,不走极端,才能保持平衡,达到和谐。比如,针对生态环境问题,《吕氏春秋·义赏》上说:"竭泽而渔,岂不获得而明年无鱼。焚薮而田,岂不获得而明年无兽。"这就是把眼前利益和长远利益辩证统一起来,以辩证的方式促进平衡。现代人类以"竭泽而渔""焚薮而田"的方式消耗地球资源,必然造成生态环境的破坏。

当代人类遇到的一些难题,如恐怖主义愈演愈烈、贫富差距持续拉大、生态环境严重破坏等问题,它们的产生原因非常复杂,如果使用中国辩证综合的思维方式,就有利于找出合理的解决方案。比如,针对恐怖主义,"9·11"恐怖袭击事件之后,西方国家主要通过加强安保措施、打击恐怖主义策源地等方法来解决恐怖主义。但从效果看,近年来美国、英国、法国等欧美国家恐怖袭击事件层出不穷,给西方世界带来极大烦恼。如果用中国辩证综合的思维方式看,西方国家解决恐怖主义的方法犹如"扬汤止沸",治标而不治本。恐怖主义产生的深层原因是民族间的利益冲突和文化冲突,根本上源于世界不合理、不公平的国际秩序。不解决利益冲突和文化冲突,不建立合理公平的国际秩序,恐怖主义就无法解决。因此,中华优秀传统文化中辩证综合的思维方式,对于解决当今世界诸如恐怖主义之类的许多难题,能够提供很好的方法论启示。

4.高超独特的中国艺术

人类的艺术心理具有相似性,使优秀文艺作品可以在不同民族间流传,使诸如莎士比亚、托尔斯泰、贝多芬、凡·高等艺术家的作品成为人类共同的精神瑰宝。同时,不同民族艺术表现的特殊性,又使不同民族的文艺在世界文艺中占有特殊的地位。中国传统文学艺术,因其具有高超的艺术水准和独特的艺术魅力,在世界文艺史上别具一格，占据重要地位，对人类具有巨大的艺术价值。

第一，高超的艺术水准。中国古人对文学艺术极其重视，甚至将其作为"经国之大业，不朽之盛事"（《典论·论文》）。因为重视，所以在创作态度上精益求精。唐代诗人贾岛作诗反复"推敲"，称自己作诗"二句三年得，一吟双泪流"（贾岛《题诗后》）。清代小说家曹雪芹"披阅十载，增删五次"，创作出"字字看来皆是血"的旷世杰作《红楼梦》。正是由于这种对文艺创作的极端重视和精益求精的态度，中国古代在文艺创作上取得了巨大成就，达到了高超的艺术水准。以李白、杜甫、苏轼等人的诗作为代表的诗歌，以四大名著为代表的小说，以《西厢记》《牡丹亭》为代表的戏剧，以及王羲之、颜真卿、阎立本、黄公望、唐寅等的书画，都达到了世界一流的艺术水准。高超的艺术水准，是中国传统文艺能够走向世界的基础。

第二，独特的艺术魅力。与世界其他民族文学艺术相比，中国传统文学艺术有自己的特色。冯友兰指出："富于暗示，而不是明晰得一览无余，是一切中国艺术的理想，诗歌、绘画以及其他无不如此。拿诗来说，诗人想要传达的往往是诗中没有说的。照中国的传统，好诗'言有尽而意无穷'。"[①] 这种"言有尽而意无穷"的表现方式，是中国传统文艺的一个显著特色。例如，同样描写爱情悲剧，曹雪芹的《红楼梦》与莎士比亚的《罗密欧与朱丽叶》比起来，其艺术特色大相径庭，前者含蓄蕴藉，后者直白热烈；前者多用间接烘托，后者多用直接呈现。这种艺术特色的不同，给人的审美体验也极为不同。中国传统文艺独特的艺术魅力，是其具有世界价值的关键。

目前，中国传统文艺在世界上的影响力还不够强。但是，中国传统文艺本身所取得的巨大艺术成就、所达到的高超艺术水准、所具有的独特艺术魅力，使它具有不可否定的世界价值。随着中国在世界上影响力的提升，中国传统文艺也会逐渐走向世界，并以其无限的艺术魅力影响世界、服务人类。

---

① 冯友兰. 中国哲学简史 [M]. 北京：北京大学出版社，2013.

第二章　中华优秀传统文化的发展

本章主要讲述中华优秀传统文化的发展概况，从三个方面进行阐述，分别是中华优秀传统文化在国内的发展概况、中华优秀传统文化在国外的发展概况以及中华优秀传统文化的现代化发展。

第一节　中华优秀传统文化在国内的发展

我国文化产业起步较晚，因此文化事业和文化产业区分不明显。直到党的十六大和十七大，我国文化产业的商业属性才被确定下来，并且我国还陆续出台了与文化产业相关的政策。国家统计局在 2006 年 5 月 19 日第一次统计了我国文化产业的数据。数据显示，我国文化产业近年来发展十分迅速，从事文化事业的人员越来越多，其中文化事业人员占我国全部从业人员的 13%，占城镇从业人员的 38%，数据相当可观。但是在与发达国家进行的比较中显示，我国的文化产业还显得微不足道，在世界文化产业中的比重还很小。自从我国加入 WTO 后，文化产业的发展有了一些进步，比重和重视程度也大大提高，可以说加入 WTO 是我国文化产业发展的过渡阶段。在我国文化产业的发展过程中，可以充分利用国内与国外市场，学习发达国家在文化产业方面的经验。但是，在文化产业发展过程中也面临着许多的困难和挑战，这主要是由文化产业的性质影响的，文化产业具有商业和意识形态的双重属性，文化产业可以促进一个国家的经济政治发展，对社会具有凝聚作用。我国在学习引进国外优秀的生产技术、管理方式、资金以及在竞争时，必须重视我国文化产业在发展过程中受到的不平等待遇和各种挑战。我国经过长期的实践和探索，形成了自己的文化发展思路，确定了文化产业发展的基本战略，逐渐重视文化市场的主体作用，并建立了很多传媒集团，如广州日报集团、上海文广新闻传媒集团、南方报业传媒集团、北广传媒集团等，同时，经过创新改革改变了"双轨制"，逐渐改善文化机构与国家之间的关系，建立起独立的市场机制。

中华人民共和国成立以后，尤其改革开放以来，我国优秀传统文化在教育、弘扬和传播方面取得了不俗的成绩，也积累了很多经验，在探索文化传承机制方面也取得了一定进展。

一、基本形成由党和政府为主导的领导机制

中国共产党是中国建设一切事业的领导核心，传统文化建设更是离不开我们党和政府的组织领导。在党的正确领导和科学部署下，我国的传统文化事业取得了巨大成就。各级各部门在党中央集中统一领导下，协调配合，经过多年的探索和研究，基本形成了一套完整的文化建设工作机制，有效地指导着我国的文化事业建设，我国正朝着文化强国的目标不断前进。

二、初步形成优秀传统文化的传播机制

中华人民共和国成立以后，我国采取了各种措施和方法来传播传统文化，现在已经形成了许多传承、传播方式，除了相关的书籍等文字记载以外，还有配以图像、声音和艺术等多种形式。学校也通过各种形式来宣传传统文化，教育下一代的青少年。

随着科学技术的不断进步，计算机、电视机、电脑和手机的普及程度不断变宽，使文化的传播手段更加丰富。现在许多网站有专门介绍传统文化知识的，手机也可以通过网络获取相关传统文化方面的信息。电视节目更是眼花缭乱，如央视十套的《百家讲坛》栏目就是一档宣传中华优秀传统文化的节目，受到大家的一致赞誉，引发收视高峰，引起了国学热潮。

三、初步形成优秀传统文化的教育机制

优秀传统文化的教育主要是针对青少年来说的，他们是国家和民族的希望和未来。优秀传统文化教育要从娃娃抓起。首先体现在学校教育方面，很多学校在小学就开设了思想品德课程，内容大多是古代优秀的思想道德规范，使孩子们从小就受到传统文化的熏陶。教育的方式也是灵活多样，除了一般的教授课本上的东西以外，还有其他的类似诗歌朗诵、传统文化知识竞赛与演讲、参观名胜古迹等方式来传播我国优秀传统文化，教育下一代。其次家庭教育也起到了很好的作用。父母长辈从小就会通过一些小寓言、小故事来教育子女尊老爱幼、孝敬父母、

兄友弟恭等，这使孩子自觉地受到了传统文化的熏陶，有利于养成良好的品德和性格。

正是这些年来的艰苦探索和积极工作，才使我国的优秀传统文化建设复苏并取得了重大进展。

第一，弘扬和普及优秀传统文化使国民的素质、素养得到很大程度的提高。最近几年在国内掀起了一股国学热，比如媒体方面，央视《百家讲坛》开办起有关传统文化内容的历史讲座，唤起了社会和民众了解历史和传统文化的热情。"国学热"因此也可以被认为"传统文化热"，新加坡的报纸曾经载文认为，在中国经济崛起之际，"格物、致知、诚意、正心、修身、齐家、治国、平天下"这些我国传统文化的精髓有利于缓解拜金主义、诚信缺失等社会病，使中国走向更高的文明关口。"国学热"通过倡导、学习中华优秀传统文化，提升了国民文化素养，对民众尤其是青年和学生起到了积极作用，树立做人标准，培养爱国、爱家及孝道等传统精神素养。

第二，弘扬和普及优秀传统文化增强了民族凝聚力和爱国主义情操。中华民族是一个具有强大凝聚力和向心力的民族，这在很大程度上源于中华民族对传统文化的高度认同，基于这种认同而产生的精神动力生生不息。民族凝聚力把广大中华儿女紧紧地联系在一起，建设中华民族共有的精神家园，同心同德，随时为民族整体利益献身，升华为爱国主义精神，并深深融入中华传统文化的血液中。

通过中华优秀传统文化的教育和熏陶，我国的民族凝聚力和爱国主义情操日益增强。1998年抗洪、2008年汶川地震和奥运会、2010年玉树地震等事件，都充分显示了中华儿女众志成城、团结一心、互助互济、共渡难关的崇高爱国主义精神和凝聚力。

第三，弘扬和普及优秀传统文化使我国的文化软实力不断增强。从亨廷顿的"文明的冲突"，再到约瑟夫·奈的"软实力"理论，文化已经在国际角力中处于醒目位置，其地位正在继续上升。文化是软实力的重要源泉，而且软实力已经成为衡量一个国家综合国力的重要因素。文化是一个民族的基因，没有文化做支撑和铺垫，民族就不可能复兴、发达。

为提高我国的文化软实力，中国政府采取了一系列措施来推广、传播中华优秀传统文化，积极开展对外文化交流，深化对外文化合作，并取得了一定成果。首先，通过举办奥运会向世界人民展示了新时期中国的新形象，让世界对中国有了新的认识和评价，一个自信而又谦逊的东方大国已经屹立于世界的东方。其次，通过开展中国文化年活动，让当地的老百姓有机会近距离地了解中国传统文化的魅力和东方古国的神韵，促进了中国文化在世界各地传播。最后，随着"汉语热"的兴起，现在各国纷纷建立起了"孔子学院"，成为连接中国与世界友谊的桥梁，成为世界友人了解中国、理解中国的重要途径。不仅使许多外国人慕名中国悠久、灿烂的传统文化，向世界宣传了中国，并对外树立了良好的国际形象，对传播中华古老文明和增强国家间的互相信任与理解起到了积极作用。而且使中国特色的传统文化走向世界，让更多的国家和人民了解并喜爱中国文化，提升中国文化对世界的影响力，增强了我国的文化软实力。

第二节 中华优秀传统文化在国外的发展

一、孔子文化的传播

传统文化在我国古代时期就有发展，其中以儒家最为重视。中国传统文化博大精深，吸引西方一些国家纷纷前来学习。孔子学院是国际文化交流的重要机构，在那里我国得以开展推广汉语、传播中国文化教育和文化交流等活动。从2004年世界上第一所孔子学院成立至今，孔子学院的规模不断扩大，数量也不断增多。现在，在全球各地已经有134个国家建立了500多所孔子学院，1000多个孔子课堂。如今，国外学校国际化的重要标志就是孔子学院的建立。同时，孔子学院的地位也越来越高，并且成了我国公共外交的重要名称。孔子学院这个名字被大众所熟悉，之所以以孔子命名是因为孔子被大众所熟悉和认同。孔子学院传播中国传统文化的力度大、范围广，代表着我国的文化底蕴，让中国文化走出去，还可以作为世界各个国家沟通学习借鉴的重要纽带，所以，现在我国已经把孔子学院作为中国传统文化走向国际化的重要标志。孔子学院遍及世界各地，在非洲的发展相当迅速，并且有着非常好的发展前景。另外，还有30多个非洲国家都已经建立起了孔子学院，这些国家一共有30多所孔子学院和10多个孔子课堂。孔子学院在非洲不仅可以传播中华文化，还可以增进中非友谊、促进中非合作，使中非成为战略合作伙伴。多年来，为了提高孔子学院的宣传力度和促进更好地发展，满足各个国家学习中国文化的要求，孔子学院的总部共派出5万多名志愿者，从而促进了中非和各个地区的友好发展。

孔子学院现今为了化解各个国家和地区间的文化差异，正在实施"新汉学"计划，以便更好地传播中华民族几千年的传统文化。今后，孔子学院将会再接再厉、不断创新，让亚非拉等国家不仅可以学习到中国的传统文化，还能让这些国家学习中国技术。孔子学院将会办得更有特色，彰显文化的高层次。中国与世界各国之间还应该加强文化交流，这就需要我国加大开放制度，让更多的学生可以走出国门，将中国的优秀传统文化传播到世界各个地区，让其他国家的学生也能爱上中国文化，并能感受到中国传统文化的浓厚氛围。中国是世界四大文明古国之一，旅游和文化是密不可分的，在我国加大开放力度的同时，旅游文化可以把中国文化传播出去，使中国文化走出国门，与各国进行文化交流，旅游还能够让中国传统文化深入人心，使文化更加立体。旅游是文化的载体，能够做到承载文化、传播文化；文化是旅游的灵魂，能够丰富旅游的乐趣和价值。我国也应该利用文化带动经济的发展，使中资企业走出国门，并能够与全世界各个国家互相交流、互相进步。

（一）孔子文化在东亚地区的传播

孔子文化在东亚地区传播得非常广泛，对东亚地区的影响也非常大，学者们对儒家文化进行了深入的研究，他们从不同的角度对孔子文化在东亚地区的传播进行了反复分析。孔子文化之所以能在东亚地区广泛传播并且能够有所发展，是多种因素造成的。其中，较为重要的因素有东亚地区的相关政府对孔子文化的大力支持、在制度上以科举制度的建立为保障、鼓励当地学生到中国来学习、儒家大量经典典籍文献不断被引进、设立了许多孔庙举行释奠礼来提高孔子文化的影响度。这些措施都能够促进中华优秀传统文化在东亚地区的传播和学习。

1.各国政府的积极倡导

孔子文化从战国时期就已经传入朝鲜半岛，到了汉代在朝鲜半岛的作用十分明显。早在我国公元前108年，中国就在朝鲜设立了郡县，孔子文化中的治理地方思想较大地影响了当时朝鲜半岛人们的生活。

高句丽是受到孔子文化影响最早的地方。小兽林王二年（372年）六月，高句丽为了学习中国的古典书籍而设置了太学。在太学中，人们主要学习中国文化的五经和《史记》《汉书》《后汉书》等史书。另外，还在高句丽开设"扃堂"，主要是教导一些未婚青少年学习五经三史。在公元4世纪时，百济也建立了孔子文化。新罗地处朝鲜半岛的最南端，与中国的接触较晚，以至于在公元377年才来到中国。直至真德女王五年（651年），新罗才开设国学的官职，其中就包括"大舍"二人。在 7 世纪中叶的新罗，就有学官在当地讲解儒家学问。在朝鲜，人们追求学问是不分等级的，无论是贵族子弟还是平民百姓都可以接受孔子文化教育。在新罗有学者通过对中国传统文化的学习发明了"吏读法"，就是利用中国的汉字和汉语及中国语句的理解来标记新罗的语言文化，这一举措让朝鲜进入了孔子文化学习的新阶段。

在 675 年，新罗和中国正处于交往最密切的时期。新罗统一朝鲜和中国大唐王朝的繁荣是密不可分的，两国的交往也促进了孔子文化在朝鲜的传播和发展。在新罗神文王二年（682 年）时期，朝鲜在首都庆州建立了隶属于礼部的国学。朝鲜课堂上的教授内容也以儒家经典为主，学习的相关书籍有《左氏春秋》《尚书》《周易》《礼记》《毛诗》《论语》《孝经》等。其中的《论语》《孝经》两册书籍是学生们的必学科目。新罗在地方上也同样设有学校，宋代赵汝适说过："新罗国……人知书喜学，……里有序，匾曰'扃堂'，处子弟之未婚者习书射于其中。……故号君子国。"[1] 这句话也反映了儒家经典在新罗的影响之大。李朝建立后，李太祖注意运用儒学教育官吏，并沿袭高丽末期的学制，由中央设置最高教育机构，仍称成均馆。1393 年，在地方上，李太祖命令按察使将学校兴废作为考课地方官政绩的依据。李朝还用孔子的文化改善社会民风。此外，李太祖颁发了教令，以十二事晓谕军民，将儒家经典广泛传播，使孔子文化不断普及，影响范围更加广阔，同时也使李朝的社会风气得到了优化。

日本是通过朝鲜半岛将孔子文化传入的，所以日本接触孔子文化也比较晚。应神十六年（285 年），百济人王仁携带着 10 卷《论语》和 1 卷《千字文》等中国传统文献到达日本，从此汉字在日本广为流传，日本开始将汉字作为正式的书写文字，并使用汉字为日语标注音标。日本也因此在宫廷中开始教授以儒学为主的文化。孔子文化不仅让百姓得到熏陶，连皇太子也拜王仁为师，皇族和高级官吏的子弟也都开始学习儒家经典，品读《论语》。在此后的二百年间，日本以百济为纽带学习孔子文化，但是孔子文化传播只在王子的范围里，他们主要学习的

---

[1] 赵汝适. 诸蕃志 [M]. 北京：商务印书馆，1937.

是《论语》一书的内容。古代统治者对孔子文化越来越重视，学习的意识越来越强烈，并且利用各种方法大力传播孔子文化，让孔子文化深入人心。

公元6世纪初，儒学才作为一种学术思想传入日本，并形成了完整的教育体系。根据《日本书纪》继体天皇七年（512年）六月条载，百济"贡五经博士段杨尔"，三年之后"别贡五经博士汉高安茂，请代博士段杨尔"，在此之后才形成以轮代交替为主的制度。钦明天皇十四年（553年）派使者前往百济，要求"医博士、易博士、历博士等，宜依番上下。令上件色人，正当相代年月，宜付还使相代"[①]。到了第二年，百济"依请代之"，并且派出了我国许多博士前往，后续还增加了五经博士、医博士、易博士、历博士等，前往日本学习，互相探讨学术，这体现了我国的博大胸怀，以及对知识的渴求和对学术的向往。

江户时代，幕府的最高学府为昌平坂学问所。这所学校是完全教授儒学的学校。幕府十分支持儒学的发展，以至于各个藩都开始学习儒学经典。江户初期，藩学的名称还可以叫作"学问所""稽古所"或者"讲释所"。到了江户后期，学校名称是自经义演变而来，比如"明伦堂""明伦馆""弘道馆""日新馆""崇德馆"等名称。另外，各个地方也都纷纷建立起寺子屋和心学供平民子弟学习，接受儒学的道德思想教育。在江户时代的初等教育机构中，心学也包括其中，心学主要内容是教授儒学修身伦理方面的知识。寺子屋及心学已经在全国各个地方开始传播，而且心学的学习不分男女，可以为社会所有人们所研究，这让儒家的孔子思想得到普及和推广。

越南和日本相比较，受到中国传统文化的影响比较早，因为南方的越南曾经是中国的郡县，所以接受中国传统文化的影响就更方便。秦始皇时，象郡在越南北部和中部设立。秦末汉初，秦朝就把赵伦派到南海做地方官，设立南海、桂林、象郡三郡，并且在公元前207年建立了南越国。在汉武帝元鼎五年（前112年）时期灭南越国，之后在公元前111年在越南设立交趾、九真、日南三个郡。经历东汉、三国、两晋、南北朝、隋、唐、五代，越南依旧是中国的郡县，所以中国

[①] 舍人亲王. 日本书纪[M]. 成都：四川人民出版社，2019.

学者和太守刺史在出任越南时，在越南大力宣传孔子文化，并且通过在民间的互动，让孔子文化深入百姓心中。因出任越南的太守、刺史们的倡导，东汉的郡守特别注重孔子文化在越南的传播，还利用孔子文化改善落后的风俗习惯。这一时期，交趾太守锡光和九真太守任延对孔子文化在越南的传播做出了很大的贡献。三国时代的士燮在越南为孔子文化的宣传起到了初步奠基的作用。晋时我国仍然向越南派出刺史、太守等地方官，也允许越南人来到中国参加贡举，还可以任职当官。孔子文化在每个时代都有所发展，唐朝时期在交州设都护府，地方官注重考核文教，为的是可以振兴儒学。各地都为越南学者开辟科举考试，让孔子文化在越南得到广泛传播。

越南早在陈朝就已经实行了太学教育方式，学者如果想要在朝廷中有所作为，就需要通过儒学方面的考试。当时的皇帝非常重视，所以考试期间，皇帝都会亲自监考。儒学教育体系在当时的教育体系中占据着非常重要的地位。

明成祖永乐四年（1406年）至宣宗二年（1427年）的20年间，越南北部在明成祖的统治下，大力发展儒学。史载，明成祖永乐五年（1407年）在越南诏访"明经博学、贤良方正、孝悌力田"之人送京录用。之后，又要求每年在国子监的制度中加入儒学子弟，学习儒家思想文化。这一举措让孔子文化在越南得到传播发展。

在后黎朝，孔子文化教育有了更大的发展。黎太祖顺天元年（1428年）在京城设立国子监，设置了祭酒、直讲学士、教授等职位，这是由于接受了纳阮荐的建议，而且在各个路县设立学校，置教职。黎太宗统治时期，为了提高儒学子弟的社会地位，在1434年让国子监生和县生着冠服，并且和国子监教授及路县教职共同着高山巾。另外，黎圣宗为了展现对孔子文化教育的重视并提高儒生的地位，有时会亲自来到学校。他这样做只是为了监督、督促和鼓励支持国子监中的学生学习儒学。1484年黎圣宗定国子监三舍生除用令，并且依照会试中场的数量把学生分为三舍，这就像是将学生按照成绩分成三个等级。1802年，阮朝依旧延续黎朝的传统，并且更加重视和尊重儒家思想道德。朝臣吴廷价等大臣对皇子在教育方面提出建设性的意见，强烈要求并上奏提出集善堂（诸皇子讲学之处）的规章制度。除此之外，阮朝还主张各级的儒学教育。阮朝在嘉隆二年在京城顺化之西建国学，又于全国各营镇置督学，对士子的课堂进行监督和督促，并且学习科目为士法，申定教条，颁布实施。其教学内容都是一些经典的儒家著作。

2. 科举制度的传播利用

隋唐以后，中国古代选拔人才的方式是科举制度，它在中国影响时间很长，对历史具有推动作用，是一种相对公平的选拔方式。这样一种优秀的制度，曾被中国周边的朝鲜和越南所采用，并且效果也很好。日本虽然也崇尚儒家思想，但是日本并没有效仿中国的科举制度。在朝鲜，新罗最高领导者利用儒家思想作为选拔人才的标准，希望利用儒家思想培养出对国家有用的人才。据载：元圣王四年（788年），要想有所作为就要努力读书，成为三品之士。要想了解书中意义就要读《春秋左氏传》《礼记》《文选》《论语》《孝经》《论语》等书籍。博览五经、三史、诸子百家的人，就是十分优秀的人。科举制度在朝鲜的发展使孔子文化与仕途相联系，促进了孔子文化在新罗的繁荣。

918年，高丽王朝建立后，为了扩大儒学的传播范围，采取了许多制度、方法，其中利用科举制度是最主要的方法。在高丽科考中，内容基本以儒家经典为主，显宗十五年（1024年）判明经则试五经。宣宗时期的科举考试中更注重的是礼，并且将《礼记》作为大经，将《周礼》和《仪礼》作为小经，三传中将《左传》作为大经，将《公羊传》和《穀梁传》作为小经。在仁宗时期《毛诗》《尚书》《春秋》《周易》四经的考察也包括在其中。为使科举切实起到尊孔崇儒的作用，靖宗十一年（1045年）四月制定了一个规定：不忠不孝者与五逆五贱部曲乐工的子孙均不许赴举。这项规定让儒家思想切实地摄入在科举考试中，这些制度的实行，让文人学者对孔子文化的学习更具有积极性。

李朝时期，在文科考试中的考试科目主要以对儒经的理解为主，其中生员试和进士试也都把儒家经典作为考试的内容，生员是以考察对儒经的理解认识为主。

进士是考察作汉诗文的能力，如果想要进为官员，那就需要生员与进士再参加文科考试。武科考试不仅考察兵学、弓术、骑术等，还把儒家经典文化作为考察方向。因为文武两科考试都考察儒经的学习，所以这就让更多的人学习儒家思想，从而巩固了儒家经典的地位。儒家思想在不断地完善发展过程中，从孔子文化提升为朱熹的理学，但是对孔子文化的传播依然有一定影响。

3. 儒学经典的传播

儒家的哲学思想是孔子文化的核心内容，而儒家典籍则是哲学思想的载体，所以儒家经典书籍为孔子文化在东亚地区，例如，朝鲜、日本、越南等地的传播做出了很大的贡献。

在宋朝的开放制度下，中国的儒家经典书籍逐步输送到高丽地区。但是从中国传入的儒经已经完全不能满足高丽地区学者们的学习研究，所以高丽成宗九年（990年）在西京设置修书院，主要目的是让学者们大量抄写与孔子文化相关的史书典籍。之后，高丽在13世纪中期引进了中国11世纪中期发明的活字印刷技术，大大地提高了印刷数量。高丽又于1392年设置书籍院，目的是专门铸铜进行活字印书。发明技术的不断革新使儒家经典被大量翻刻，同时也使孔子文化得到发展的机会，让更多国家的人能够接触并学习孔子文化。李朝时期大量印刷儒家经典，让孔子文化的学习更加方便。这进一步促进了孔子文化的传播。

日本从中国大量引进儒家经典书籍，为孔子文化在日本的传播提供了机会。儒学在江户时代的发展主要得益于对儒家书籍的大量引进和翻刻。清朝建立以后，制定了一项政策：解除海禁，这让日本等国家与中国的经济、政治来往沟通更加密切，也让中国的古书大量销售到国外。清代康熙、乾隆年间，编纂事业的发展规模不断扩大。这一发展使中国古书大量传播到日本，其中《古今图书集成》传入的时间最早，通过清朝商人全部运往日本，并将这些书籍典藏在江户文库中。

日本明治维新以后对儒家经典的翻译，以注释和研究工作最为积极。日本是翻译我国古书最早、最多的国家。

文庙是孔子文化的物质载体和象征。文庙是用来祭祀孔子及历代先贤先儒的地方。祭祀文庙的礼仪是"释奠礼",而"释奠礼"是中国传统社会的"国祭"。文化史上比较独特的方式是文庙释奠礼,它出现的时期虽是在上古时期,然而它的雏形可以追溯到孔子去世的鲁哀公十六年(前479年),但在此之后,它的发展越来越偏向于国际化。在公元3世纪左右,文庙祭祀就已经在时为中国郡县的朝鲜多次举行,另外新罗开设文庙是在其国家独立后的8世纪举行的释奠礼。日本举行释奠礼是在大化革新时期,并且在江户时期有许多孔子庙被建立起来。最晚建孔庙祭祀孔子的是11世纪的越南地区。孔子文化的促进,其中比较重要的一点是释奠礼在各个国家的建立和发展,并且延续至今都没有摒弃,这让孔子文化不仅在当地有了知名度,还让孔子文化的影响力大大提高。在新罗地区,因为儒学的发展使孔子文化的影响力也提高了。新罗真德女王二年(648年)金春秋至唐,不断治理国学,观释奠,一直有释奠之礼。717年,在孔子文化的发展影响下,新罗的太学里也挂满了孔子和他弟子的画像。

高丽王朝时期,随着孔子文化的地位不断提升,也得到了大多数人的认可。朝鲜太学开始对孔子进行奉供。983年,博士任成壹从宋取回文宣王庙图。成宗十一年(992年),国子监里建造文庙并成为国家的最高学府。1091年将七十二贤的画像挂在国子监里,以表示对孔子文化的重视。孔子文化的进一步发展是新罗时期,人们将孔子的画像改为孔子塑像,并效仿中国将孔子叫作文宣王,加谥"玄圣""至圣""大成"。高丽文宗时期,统治者也亲自到国子监称孔子为百王之师,对孔子文化表示深深的尊重。1267年又将中国传统文化的创造者,伟人颜渊、曾子、子思、孟子等人的画像改为塑像,并让人们到文庙供奉。至于民间,在高丽恭愍王时期,元朝的翰林学士陪鲁国长公主下嫁到高丽的孔子五十四世孙孔昭,居住在水源,并建设阙里庙,以供奉孔子像,开始了民间祭祀孔子的活动。李朝时期,最高统治者非常重视对孔子的祭祀活动。李太祖自从建立王朝开始就在京城建立了文庙,以便历代人们对孔子以及古代伟人进行祭祀。文庙中的规格也仿照了中国的规制,不同的一点是在配享者中增加了朝鲜的名儒。文庙的正中被称为大成殿,大成殿正位是"大成至圣文宣王",殿后叫作明伦堂。殿内有"四圣",

从享有"十哲"。东西两房从祀有澹台灭明等各五十余人,其中包括宋朝的"六贤"。其他地方也建有地方文庙,只是规格略低于中央的文庙。李朝对中国孔子文化的崇拜不仅体现在建立文庙方面,还体现在模仿中国建启圣祠上,这些都使孔子文化的影响更加广泛。

孔子庙在日本的设立时间大约为8世纪初,当时的日本正在进行大化革新运动,祭祀孔子的习俗得以在日本逐渐发展起来。所以,大学及国学在每一年的春秋两个季度分别进行两次释奠活动。释奠刚开始举办时所需要的器物都非常简单、普通。由于日本对孔子文化十分重视,因此孔子在日本的地位是非常高的,并且受到了日本人民的尊崇。

祭祀孔子的活动在平安朝也有所发展。大学释奠开始的时候,当地祭祀的人物只有孔子一个人,直到平安朝贞观年间,在祭祀人物中又增添了颜子和闵子。直到延喜年间,才将八哲加进祭祀的行列之中。先圣居中,颜渊、闵子骞、冉伯牛、仲弓、冉有座于先圣东,季路、宰我、子贡、子游、子夏座于先圣西。释奠的时候规矩有很多,其中由大学头第一次进献,其次是大学助,最后是博士,手里拿多少器具等都是有一定规定的,仪式非常隆重。对于释奠祭文,大学使用天子的名义,祭文中的内容主要是对孔子的文化进行赞扬和认可,表达自己对孔子的崇敬心理。释奠活动和讲经活动需结合起来举行。

孔子文化在"东亚文化圈"传播的途径方法有很多种。其中,推行儒学思想的方法是经过统治者的各种政治制度来进行的,如官办儒家教育、科举取士、广修文庙、祭祀孔子等活动制度,让孔子文化在各个国家不断传播。另外,在民间也有学者互相往来探讨学术,学习输入和翻刻儒家典籍、社会性教化活动等。无论是在朝廷还是在民间,孔子文化都得到了广泛的认可。

(二)孔子文化在欧洲的传播

因为中欧之间路途遥远等一些阻碍,孔子文化在欧洲等国家传播得相对较慢,到了16世纪末期,孔子文化在欧洲的传播才开始有所进展。孔子文化在欧洲地区的传播与从东方传播的方式大同小异,在孔子文化传播过程中,传教士起着极为重要的作用。除教士之外，还有通过海外华人对孔子文化进行的传播。孔子文化在欧洲传播之后影响非常大，其中最重要的就是受到孔子文化的熏陶，促进了欧洲的启蒙运动。

1. 传教士对孔子文化的传播

在1579年，意大利传教士第一次来到中国澳门。明万历十年（1582年），利玛窦来到中国学习钻研孔子文化，1595年，他在中国南昌刊印了《天学实义》等中国国学经典（后改为《天主实义》），之后该书经过多次翻版、翻译到世界各个地区，并且他把儒家理论和基督教教义相结合，将儒经中所称的上帝叫作天主。利玛窦还将自己所学到的儒家经典介绍给自己国家和欧洲其他国家，促进各国对中国的了解。1594年，儒家经典被第一次翻译成西方文字的书是利玛窦出版的"四书"，被翻译成拉丁文。此外，还有利氏的《基督教传入中国史》《利玛窦日记》也被翻译成意文、拉丁文、法文、德文和西班牙文等。在16—17世纪之间，孔子文化开始传入意大利，作为一种新思想，孔子文化在意大利的影响力大大提升。因为儒家没有偶像崇拜，只有对祖先怀念的祭祖活动，没有鬼神之说，所以说孔子文化与宗教是完全不同的。利玛窦对儒学的认识是孔子文化作为一种自然法则基础的哲学学派，经过多年，他依然保持着教徒传统的"祭孔祭祖"习俗，在中世纪神学统治时期，这一举措对意大利乃至整个欧洲的影响是非常大的。利玛窦对儒学的研究、学习和翻译，使他获得了"博学西儒"的雅号，在意大利国内影响较深；他虽然是基督的传教士，但是他对孔子文化非常尊重、认可，并且他还把儒学和天主教义相结合，使基督教精神与中国儒家思想共同发展，因此，后来有了"基督教的孔子"之称。在他之后还有许多传教士想把儒学经典和天主教义发扬完善，这促使许多学者都去研究、利用孔子文化，从而大大促进了孔子文化的发展。其中，研究比较透彻、贡献较大的有艾儒略和殷铎泽。艾儒略对"四书""五经"有深刻的研究考察，并根据自己的学习写作了三十余种相关方面的书籍。他和利玛窦的相同之处在于他也在自己的著作中引用了大量的儒家经典知识。艾儒略早在1625年就开始在福建等地进行孔子文化的讲学传教，并且被闽中人称为"西来孔子"。在1662年,殷铎泽将《大学》《论语》等经典著作翻译成拉丁文。1672年,他出版的巴黎版本的《中庸》一书的末页处也附有拉丁文和法文的《孔子传》。他著作的这本书在内容方面是向西方国家讲解和渗透关于中国的儒家思想,还向西方人们介绍孔子这个人的历史和丰功伟绩。1687年,殷铎泽与比利时传教士柏应理、鲁日满,奥地利传教士恩理格等人一起编写的《中国之哲人孔子》也被翻译成拉丁文,并大量在巴黎出版销售。图书小文标题是西文的《四书直解》,并且里面也对《孔子传》及周易六十四卦的含义进行了解释,书里还有大量的孔子画像,上书"国学仲尼,天下先师"。这本书在欧洲地区大量销售,是欧洲对"四书"和《孔子传》介绍最为详细的一本书。这本书让欧洲学者们对孔子有了初步的认识,并且将孔子作为天下先师及道德与政治哲学上最伟大的学者。

孔子文化通过传教士们的翻译,使意大利等西方国家了解了中国文化的博大精深。这些学者们对中国文化以及经典著作的传播,也让更多西方人对孔子文化有了初步的认识,这是孔子文化在西方的起步阶段。意大利对孔子的学习之风过后,法国的传教士也纷纷来到中国,并对中国的文化进行效仿。从1611年到1773年,耶稣会派遣多名法国传教士到中国学习古典文化,其中最为出名的是金尼阁。金尼阁的主张与利氏一样,要求孔子文化与基督教教义相结合,共同发展。他在利氏的基础上提出了许多自己的观点,具体表现在金尼阁于1626年将"五经"翻译成了拉丁文,但是翻译成文的书籍在后来的传播中散失了。后来,法国又派其他传教士来到中国探讨学习中国儒学经典文化,并对孔子文化给予了相当高的评价。1698年,马若瑟和白晋一起来到中国访问。马氏是非常尊重孔子文化的人,他十分了解中国人祭祖尊孔的习俗,并且精心研究和探讨了中国古书中的《书经》,著有《〈书经〉以前时代及中国神话之研究》一书。1720年,罗马要求马若瑟回国,那时候他对教会员司说,天主教的教理在中国很多古书中都有记载,特别是孔子之"经"中所包含的一些论述让法国对孔子文化更加欣赏和认可。在此之后,殷弘绪翻译了朱熹的《劝学篇》,赫苍璧选译了《诗经》和刘向的《列女传》，冯秉正将《通鉴纲目》十二卷翻译成法文，钱德明著有《孔子传》《孔门四贤略传》等，这让中国国学经典在西方国家得到了大力宣扬。

将儒家经典书籍翻译成法文的不仅有法国传教士，还包括其他国家的传教士，影响极为广泛。比利时的传教士卫方济把《大学》《中庸》《论语》《孟子》《孝经》《三字经》等翻译成法文，将它们称作"中国六大经典"，并于1711年在比利时出版发行。传教士们不仅对孔子文化的相关书籍进行翻译，他们还亲自写书介绍孔子文化的相关知识。其中，三大名著包括《中华帝国全志》《耶稣会士书简集》《北京耶稣会士中国纪要》。在《耶稣会士书简集》中就有十六封关于传教士对中国孔子经典的相关书信；《中华帝国全志》在法国出版后，又有英、德、俄等国家对该书进行了翻译传播，书中包含大量的孔子和康熙像，并且在第二卷详细地讲述了儒家经典诗书和教育方式。这两部著作在之后的法国和欧洲等地的作用非常大，其中伏尔泰、霍尔巴赫、魁奈等人的思想观念就受到了孔子文化的影响。德国第一次接触孔子文化也是以耶稣会传教士的方式。

英国对孔子文化的研究在各个方面都有涉及，除了对儒家经典进行大量翻译外，还对本国学生开设讲座。1786年，在牛津大学开设了汉学方面的讲座，并且聘请理雅各作为讲师。在理雅各的倡导和鼓励下，又有许多传教士开始对孔子文化开展研究活动，休中诚就是其中一位。他的研究目的是想通过自己对孔子文化的研究，向全英国乃至全西方介绍传播儒家经典学说。他后来在《中国古代哲学》一书中，对孔子及其弟子子思、孔门诸儒及孟子、荀子等儒家代表的思想文化进行了详细的描写和介绍，还向本国人民传播了关于中国的《论语》《孟子》《大学》《孝经》《易经》《白虎通义》等儒家经典相关内容，并对这些书籍进行了专门篇章的讨论介绍。另外，一位英国哲学家马克斯缀勒写过《儒教与道教》一书，这本著作中的内容主要是从社会经济角度对中国儒家经典文化进行研究。这些英国学者的著作代表了英国对儒家和孔子思想文化的研究水准。

2. 中国留学生对孔子文化的传播

孔子文化在欧洲传播过程中，除传教士外，中国学者也对传播做出了一定的贡献。清朝康熙、雍正年间，曾经派过许多中国学者前往欧洲伦敦、巴黎、意大利等地留学。他们的留学也促进了孔子文化在西方国家的传播。由中国学者给西方带去的孔子文化比传教士传播得更加精准、深入。乾隆年间，留学法国的中国学者杨德望和高类思积极宣传中国传统的孔子文化，并与法国学者互相探讨学问，其中交流最多的是法国重农学派的领袖杜尔哥，经过两国关于农业的交往，为中国的农业建设做出了贡献，也为杜尔哥在法国建立重农学派提供了理论借鉴。另外，高类思撰写的《中国古代论》一书中也对中国的《论语》《大学》《中庸》《易经》《诗经》《孝经》等多部儒家经典有所涉及。

随着中华人民共和国的成立和国际地位的不断提升，孔子文化对各国学者的影响越来越大。截至1957年，英国研究儒家经典的学生人数已经超过百名，大学的汉学热潮也越来越大，教师数量也在不断增多，课程内容也偏向唐宋之前的孔子文化的学术研究。在牛津大学，授课内容偏重于古典文献的学习，其中《左传》《孟子》中的篇章为必学科目，《孝经》及唐宋传奇等作为选修，诗的学习部分则主要是对《诗经》和唐诗进行分析学习。此外，剑桥大学课程也都涉及中国的古典文化和中国史，中国文化史、中国古代史、中国文学史等都有关于孔子思想的内容。专著的讲授还包括《孟子》《荀子》《史记》《汉书》《水浒传》《红楼梦》等儒家经典学说。伦敦大学也同样对中国的古文进行了翻译，针对中国哲学史开设了课程，他们用的教材中，古文方面就是从《孟子》《史记》《颜氏家训》等著作中选取的。在英国乃至整个欧美汉学界中，比较著名的翻译家是威利。他先后翻译过《诗经》《论语》等，并创作了《古代中国思想》一书。对孔子文化有所传播的还有牛津大学的霍克思、伦敦大学的崔采德、剑桥大学的浦利波兰克等。其中，最权威的还是英国皇家学会会员李约瑟，他对孔子文化能够提出自己独特的见解。李约瑟还继德国的莱布尼茨之后对儒家思想和数学进行了分析，提出"在历法领域中，数学在社会上属于正统的儒家知识的范畴"的学术观点。李约瑟还提到莱布尼茨关于中国11世纪的儒学家邵雍对《易经》六十四卦所作排列的看法，指出莱氏认为一到六十四这些数字用二进位记法写出来的。

英国学者们对孔子文化的认识来自《新不列颠百科全书》中的"儒学"条目介绍。这个条目被译成中文，长达4万多字，对孔子及其家世以及孔子所处的时代进行了透彻的分析讲解，并对孔子的政治思想、哲学思想、伦理思想、教育思想、孔子对中国和世界的影响、孔子的评价、儒学的发展及儒经等方面问题进行了透彻的理论分析。此书最后成为对中国儒家文化介绍最全面的书籍，在世界上的影响是非常大的。

（三）孔子文化在美国的传播

孔子文化在美国的传播比在欧洲的传播晚得多，这是因为美国历史非常短暂。虽然美国起步较慢，但是发展很快，作为最大的资本主义国家也逐渐对孔子文化进行接纳。孔子文化早期的传播是通过美国的传教士，20世纪之后传播的主要力量是中国的留学生和学者。

美国资本主义的快速发展始于独立战争之后，19世纪初期对华贸易就已经是世界第二位，仅次于英国。美国在发展过程中，派遣了许多传教士学习并研究中国传统文化。

1830年，来中国学习儒家文化的第一个美国传教士是裨治文。到19世纪末，美国在华传教士已发展1500多人。其中，裨治文、卫三畏、丁韪良、明恩溥、狄考文、卫斐烈等较为著名。美国来华传教士学习孔子文化后对其产生了深厚的感情。在1832年，裨治文创办了《澳门月报》，主要是介绍中国的历史文化和孔子思想等方面的知识。1842年，美国传教士和外交官成立美国东方学会，这个学会的宗旨是"传布东方知识，增进东方语言学研究"，主要是对中国的儒家经典和孔子文化的历史发展等进行研究，通过研究成立了东方文献图书馆，并创办了《美国东方学会杂志》《美国东方学丛刊》《美国东方学翻译丛刊》等。从19世纪70年代起，中国的传统文化在美国的大学建立相关研究课程。1876年在卫三畏主持下，美国第一个汉语教学研究的专门机构和图书馆在耶鲁大学建立，此后，加利福尼亚大学、哈佛大学、哥伦比亚大学等著名大学也相继建立并延续至今。其中，耶鲁大学聘请卫三畏作为传播中国文化的第一位教授。卫三畏自己也提出要把孔子文化和基督教相结合，这对孔子文化的传播起到了促进作用。美国传教士丁韪良、李佳白等也对卫三畏的主张表示认可。美国还通过兴办教会学校来学习孔子文化。另外，美国传教士还将讲授儒经的课程作为重点，这对孔子文化的发扬有着促进作用。

孔子文化在美国的传播得到了多方面的认可，美国政府也很支持和重视。这种支持和重视表现在许多方面，比如，让传教士大量翻译研究孔子文化著作等。孔子文化被大量带入美国图书馆，为孔子文化在美国的传播提供了契机，使得孔子文化的地位得到提升。

在美国非华裔学者中，对中国文学研究较为著名的学者有费正清、史华慈、卜德、赖肖尔、狄百瑞、芬格莱特、安乐哲、郝大维等人。费正清（John King Fairbank）的《美国与中国》《东亚：伟大的传统》（与赖肖尔合著），史华慈（BenjaminI. Schwartz）的《古代中国的思想世界》，郝大维（DavidL.Hall）和安乐哲（RogerT. Ames）的《通过孔子而思》，狄百瑞（Wi Tu Theodorede Bary）的《儒家的困境》，芬格莱特（Herbert Fingarette）的《孔子：即凡而圣》等都对中国的孔子文化和儒家经典进行了介绍。在美国的学术界，他们把学术进行地域分类，如芝加哥的传统派、波士顿的"对话派"、夏威夷的"诠释派"等。

芝加哥传统派中最为著名的是顾立雅（Herrlee Glessner Creel）。他作为美国老一辈学者，主要研究的是中国孔子文化及儒家思想等。他在美国芝加哥担任东方语文系主任、美国东方学会会长、亚洲学会会员、大学教授等，并创作出《孔子与中国之道》《孔子真面目》《从孔夫子到毛泽东的中国思想》等书籍，向欧美人们宣传孔子文化。其中，《孔子与中国之道》一书在欧美最为著名。

《孔子与中国之道》的内容主要是介绍孔子文化所处背景、孔子生平事迹等。这本书对儒家经典书籍进行了详细研究，使人们对孔子文化有了更进一步的认识。另外，顾立雅对反儒学的理论进行辩论，阐明自己对中国儒家经典的理解。在顾立雅的研究过程中，他把孔子思想观念和西方著名学者苏格拉底、柏拉图等一些思想启蒙运动领袖的思想观念相结合。这一研究让孔子文化的价值大大提升。顾立雅认为孔子在社会发展的过程中不断受到质疑,但是他希望通过研究后能够让人们真正认识孔子文化并消除偏见,能够让孔子文化思想和人们生活融合在一起。顾立雅对孔子文化的发展传播起到了重要的作用。

波士顿的"对话派"代表人物有南乐山、杜维明和史华慈等。南乐山受基督教的影响较大,所以他在研究孔子文化时比较注重与基督教观念相结合。另外一位代表人物是杜维明,作为一名华裔他主张的是把儒家经典文化与伊斯兰教等东方学说相结合。史华慈是"对话派"中最为杰出的学者,他在哈佛经历了从本科到博士的学习过程,他认为儒学具有历史性,并对孔子文化给予肯定和理解,他所研究的角度相对客观。史华慈研究并编写了《古代中国思想的世界》一书,在学术界引起重视。这本书中的内容对上古文化渊源、诸子百家如孔子、墨子、道家、孟子、荀子、法家、阴阳家等多方面的内容进行了分析研究。为了证明中国古典文化具有跨科学的属性,他从中西两方面对先秦的孔子思想重新进行了整理和研究。他的研究证明了现代的科学理论和古代的孔子思想是具有联系性的,这大大提高了孔子文化的价值。他一直主张文化交流的观点,认为孔子文化应该在各个国家的交流探讨下进步,并且强烈反对文化冲突论。

夏威夷对孔子文化的研究属于诠释派,这一派别的学者代表是郝大维、安乐哲、成中英等。他们具有共同的特点,就是对孔子文化的研究从语言、概念、观念和本体方面出发,主张把中西哲学相连,希望在"解构"中国哲学的同时能够达到对儒家文化的"重建"和"创新"。安乐哲与郝大维做到了将中西哲学文化相连接,并创作出《通过孔子而思》[①],按照原文的顺序,一句话一章,每章都对儒家思想进行了解剖研究。例如,第一章是对孔子文化的思维方式进行解释,并把孔子观点中的学、思、知和西方的思维方式进行了分析对比;第五章是对孔子的语言文字方面进行的探讨介绍,并从古代汉语的审美品质角度进行研究,提出孔子文化具有"鉴赏家""沟通大师"的特征。郝大维与安乐哲还认为,只有将

---

① 郝大维(David L.Hall),安乐哲(Roger T.Ames).通过孔子而思[M].何金俐,译.北京:北京大学出版社,2005.

各个方面的文化与孔子文化相互借鉴、探讨、协调发展才能真正展现出孔子文化的价值，才能让人们更全面地理解孔子文化，激发孔子文化的潜质。另外，在美国对孔子文化研究做出贡献的一位哲学家是赫伯特·芬格莱特，他曾任美国哲学学会主席。他不仅对中国儒学经典进行了相关研究，还对道德哲学、心理学、法学等方面有所涉及。芬格莱特虽然在汉学领域不是最权威的，甚至缺乏直接阅读古汉语的能力，但是他在1972年出版的《孔子：即凡而圣》一书得到了其他著名汉学家的认可，他也对孔子文化的传播做出了贡献。葛瑞汉认为这本书帮助西方学者树立了方向，为中国古典文化的研究奠定了基础。史华慈在他创作的《古代中国的思想世界》一书中也认为芬格莱特对中国儒家经典的研究贡献是非常大的。这些国外学者对孔子文化的研究成了传播孔子文化的一股重要力量。其中根据华裔学者自己的研究写成的著作有萧公权的《中国政治思想史》、余英时的《士与中国文化》《朱熹的历史世界》、杜维明的《仁与修身》《道·学·政：儒家公共知识分子的三个面向》《中庸：论儒学的宗教性》、成中英的《中国哲学与中国文化》、林毓生的《中国传统的创造性转化》等。这些著作中都对孔子文化进行过研究，因此，这些华裔学者成为在美国学术界传播孔子文化的重要力量和支柱。

二、哲学文化的传播

中国哲学文化对西方的影响主要体现在对西方文明史的影响上，涉及器物层面、社会制度的形成与变革，并延伸至各个层次的哲学观念。西方哲学文化出现文化理念的时间是公元前7世纪至公元前6世纪，由普罗科奈苏斯人亚里斯特亚士所著的《阿里马斯比亚》所提出。西方哲学文化中融入了中国哲学文化的成分。其实，不管是西方哲学文化还是中国哲学文化，都是世界文化及文明的财富，促进了人类文明社会的发展。西方国家全面掀起学习中国文明的浪潮是在20世纪后期，西方哲学文化开始主动吸收中国传统哲学文化的精髓，促使西方文明世界与东方文明世界融合，进一步促进西方文明发展。将哲学文化融合到人类的普遍性中，促使中国优秀文化融入到西方世界的发展之中。针对目前西方哲学文化与中国传统文化的现状,不仅要考虑到中国传统文化的特点,还要处理好哲学文化的独特性,并了解西方近代发展过程中遇到的问题,要充分考虑人类哲学文化所固有的文化属性,考虑文化本身的沟通性以及相容性的特点。

中国的古老文化,存在经验主义的文化因素,同时,也存在逻辑性文化因素。最具代表性的是儒家思想、道家思想与墨家思想。而中国传统文化与西方文化相比较,都存在沟通的问题。比如,西方哲学文化中,主张以个人的重要性为主,对于社会环境与个人本身来说,在整体发展中有意无意地表现出反抗个人主义的发展特点。其实,中国传统文化能够更好地解决个人危机,可以满足人们的发展需要。同时,西方国家对中国的道教、禅学以及《易经》颇有兴趣,这并不是无意中的巧合,而是社会发展的实际需求。要知道中西方哲学文化的发展,遵循着社会共同发展的规律,以及探求真理普遍性特点,这是西方哲学文化最根本的发展因素之一。

在中国古代传统政治哲学文化中,文化的最高境界就是大同社会。在西方哲学文化中,很多哲学家在自己的文学作品中,体现出其非常认可中国哲学文化的特点。尤其对中国儒家思想以及人伦思想有着较高评价。而在世界文化体系中,欧洲有些国家是以中国传统文化为榜样,批判旧制度。在某种程度上,这种思想可以促进西方文明的发展,中国哲学文化的人文精神在西方世界中掀起一阵浪潮,促进了哲学文化理念在西方文明中的传播。很多西方商人来到东方,也是文化传播的一种方式。很多西方人了解中国文化后,对中国的哲学文化有着很大的学习热情。中国政治有着严谨的管理体系,严谨的管理体系促进文明的发展,有利于改善社会生活以及经济生活,致使很多西方国家的人们对中国传统文化产生无限的向往。

从张骞出使西域开始,中国就打开了与西方文化融合的渠道,丝绸之路为东西方的交流与发展开辟了一条贸易往来的通道,促使东西方文明融合。虽说人本身有着肤色以及性别的差别,但是在哲学领域,就此将这些融为一体,可以有效地促进文化发展,也不会出现"异类不比"的现象。即便是思想逻辑走向与人类目前情况的文化道路相反，但其文化依然是人类所创造的，这些文化很真实地反映人本身的存在。人类在自身发展过程中，按照自然的发展规律，以人类文化为发展基础。可以说，任何时代的文化，都会受到该时代经济形态及意识形态的影响，就此形成一定的思维模式以及特点。西方哲学在思考内部危机的时候，很多哲学家已经厌倦用传统的思维模式去研究统一问题。而孔子所提出的"和为贵"，虽然强调人与人之间和平共处的永恒性特点，但在文化传播过程中也要以和为贵地去对待文化。

总之，不管是中国哲学文化还是西方哲学文化，都有一些不一样的部分，但站在人类生存的角度来看，其文化本质是一样的。正因为有了这样的元素，才会有人开始研究多元的哲学文化，在世界文化中才会出现西方哲学文化中含有中国哲学文化存在的情况。

三、其他文化在世界各地的传播

（一）中国古代科学在世界各地的传播

1. 火药对近代科学的影响

恩格斯曾经高度评价中国在火药发明中的首创作用，可以说，中国的火药推进了世界历史的进程并对欧洲文艺复兴产生重要影响，促进欧洲整体文明体系的发展。

中国古代的四大发明，对欧洲文艺复兴运动起到了推动作用，为欧洲文明的发展带来希望。火药在我国唐朝末年开始应用于军事上。再到了宋朝，人们将火药放在竹筒之中，发明了世界早期的火炮。

早在13世纪到14世纪的时候，火药传到了西欧，而西欧人将这些武器进行一系列的研究与改制，改造成更具威力、更方便人们使用的武器，就此形成更具有毁灭性的物品，对政治、经济以及科学的发展，都产生了巨大的影响。

2. 中国天文学对西方天文学的影响

许多的现代西方天文学是建立在中国传统天文学成就上完成的。对于太阳黑子的观察研究，中国的研究时间要早于西方国家的研究时间。中国天文学历史上就有关于太阳黑子的记录，最早的记录是在《汉书·五行志》中，对太阳黑子出现的时间、形象以及大小和位置进行了精确的记录。根据相关史学家的记载与数据统计，笔记以及地方志中也都有对太阳黑子的大量材料记载。中国自公元前28年到公元1683年，有史料记载关于太阳黑子的记录达112次，这些宝贵的记录直到19世纪的时候才开始传入西欧国家，并编写为太阳黑子表，成为西方天文学家研究的对象。

（二）中国古代医药文化在世界各地的传播

1. 中医药文化在亚洲地区传播历史悠久

中国的医学从古至今，都没有停止发展，并逐渐地走向世界，传播健康理念。中医药物质文化交流与精神文化交流的推广，见证了中国与世界人民的友好往来。中国的医药学早在公元前2—公元3世纪，也就是在汉朝时期就已经传入日本。从公元前6世纪中叶到16世纪末的1000多年的时间里，中国的医药在日本得到了很好的传播。在隋唐时期，中国是亚洲政治、经济、文化的中心，日本朝野对学习中国文化的向往，促使中日医学文化的友好交流进一步发展。

与此同时，中国医药著作不断地流传到日本。日本医学家经过学习与研究，运用中国医药学基础进行深入的钻研与探索，在传承中国传统医药学的基础上加入自身的研究成果，形成了自己的医学思想，进而实现中国医学与日本医学的融合，形成富有日本特色的汉方医学体系，促进了日本医学文化体系的完善。

2. 中国医药文化在大洋洲传播并受到重视

非洲一些国家在历史上长期受到部分西方发达国家的殖民统治，政治发展水平不高，导致经济不发达，医疗卫生事业也比较落后。中医药文化与非洲交流的历史，可以追溯到明朝永乐年间。郑和下西洋促进了非洲医药文化的发展。但是，由于语言以及文化的差异，中国医药文化不能在当地形成大规模的传播。

而在接下来的历史发展中，中医药文化在非洲的传播没有任何的记载。与其他地区的发展相比较来说，古代中医在非洲的发展较缓慢。如今中国援助的医疗队在非洲一定程度上改善了非洲的医疗条件，为非洲医疗文化的发展做出了贡献。

3. 中国医药文化在美洲的传播

中国医学文化对美洲医学的影响程度虽然不如对欧洲国家医学的影响深远，但是，美洲医学文化与中医文化交流的时间也有数百年之久。在交流与发展中美洲医学吸收和借鉴中医文化，促进了美洲医学的发展。早在明末清初的时候，传教士因为感到在华行医、传教是较为困难的，便开始转型研究中医中药。刚开始的中医药翻译工作、内容不够完善，缺乏对中医理论的阐述与表达，其中，主要是概述性的介绍，没有直接涉及中医理论。

当时中医方面出版的著作主要是由其他文章翻译成英文的，其中，大部分都是由来中国传教的传教士进行翻译，他们并不是专业的翻译人员，在翻译的过程中容易断章取义。尽管如此，这些在美洲出版的中医药书籍，不仅促进了美洲学术界对中医学的了解与关注，还全面促进了中医学文化的交流与传播。

（三）中国古代建筑文化在世界各地的传播

中华民族创造了灿烂的古代文化，而古代建筑成为其最重要的组成部分之一。中国古代建筑是四大建筑体系之一，就此可以说明中国古代建筑有着其独特的风格与特点。经过各历史时期的融合与发展，整体建筑思想及风格更加成熟，建筑的技艺也越发熟练。建筑规模、布局、构图、颜色渲染以及造型风格一起形成独具特色的中国古代建筑体系。

其中，秦砖汉瓦、隋唐寺庙还有明清故宫等，都体现出中国古代建筑在建筑结构中的艺术美，进而表现出中国文化的博大精深，给世界留下了珍贵的历史文化遗产。

日本文化与韩国文化受中国文化的影响比较深，日本现在的许多建筑还留有中国建筑的印记，在这个国家的建筑中可以看到中国唐代的建筑文化，日本在奈良时期就已经开始了对唐朝建筑文化的学习。

从敦煌壁画中可以看到北魏建筑形式的痕迹：高大的木结构建筑，屋脊生成曲线，屋角起翘，全面地体现出当时的建筑风格。日本在佛塔方面的建筑风格与中国的建筑风格如出一辙。日本法隆寺的五种木塔，依稀可以看出是以我国云冈石窟内的方形塔柱为模型，进而建造出富有自己特色的木塔。唐朝建筑在日本、韩国不断地发展并演变，尤其在唐朝后期的时候，这种演变速度不断加快，从而形成了独特的建筑风格。

（四）中国古代娱乐方式在世界各地的传播

中国古代娱乐历史悠久，类型多种多样。其中，中国古代的球类运动非常盛行，主要包括马球、蹴鞠等。可以说，足球并不是起源于19世纪的英国，而是起源于发明了蹴鞠的中国。国际足球研究学者认为，中国的蹴鞠就是足球运动的开始。

围棋在传入西方的过程中，日本曾经扮演了非常重要的角色，同时，日本有围棋"第二故乡"的美誉。在围棋的实际发展中，人们有意无意地避开围棋的起源问题，导致很多西方人先入为主，形成了围棋起源于日本的错误观念。日本曾创办围棋大赛，就此在海外传播围棋文化。

（五）中国传统饮食文化在世界各地的传播

在漫长的饮食文化发展过程中，中华民族创造了光辉的饮食文化，为人类文明的发展做出了有力的贡献。

中华民族创造了数以万计的烹饪菜点，有色、香、味、形俱佳的特点，深受各国人民的喜爱，"世界烹饪王国"的美名由此而来。从文献和考古资料来看，中国人在食品上的发明较多，对大米、小米、白菜、萝卜等一系列的食物进行开发与创造，有效地拓展了人类的食物资源。中国的茶，不仅仅是中国的国饮，同时，也成为世界上与咖啡、可可并行的三大饮料之一。大豆的研发，给人类提供了重要的植物蛋白来源。尤其是中国的豆腐已经普及到日本和欧美国家，成为继茶叶之后又一个世界范围内的热销食品。

中国人发明的豆浆，成为风靡世界的植物性"牛奶"，在欧美超级市场中，随处都可以看到"维他奶"等相关食物。中国的烹饪技术不仅传播到了美洲，还传播到了欧洲，在欧洲各地都存在中国菜馆，随着华人的足迹，我们已逐渐走向世界，中华饮食文化的热潮遍布于世界的大多数地方。

（六）中国传统元素在世界各地中的传播

在世界各地，关于中国传统元素的运用已屡见不鲜，如中国结、中国功夫等，已经成为中国的一个象征性元素。在国外电影作品中也运用了许多中国传统元素，尤其是21世纪的到来，中国的国际地位以及综合国力的提升，使得世界对中国的关注也越发的频繁。在早期好莱坞的电影中，已经开始有中国演员参与到影片的拍摄之中。不过，那时候的中国演员在影片中的形象大多是反面的形象。直到李小龙将中国功夫带到了世界，在世界电影作品中掀起了一场中国功夫的狂潮。此时，世界电影作品中开始大量出现中国元素、中国演员、中国功夫以及中国故事。华人导演的影片在十佳影片中占2/5。李安导演的《卧虎藏龙》在国际上取得强烈反响。中国元素的使用带来了商业利益的同时，也产生了不同的导向。各国在欣赏这些电影文化的融合之后，容易产生复杂的感受。对中国观众来说，他们会通过电影形成自己的影视观。而对于外国观众来说，他们会对中国文化产生无限的渴望与期待。

随着世界各国之间文化交流的不断深化，世界电影对中国的表现不仅仅停留在表面，更多的是从中国电影文本上选择将其作为电影的资源，或者就是根据文本进行改编，站在自己的角度来描述中国的故事。这种现象的出现，折射出世界跨文化交流是不同国家与民族间文化交流发展的必然趋势。比较有名的跨文化电影有《功夫熊猫》与《花木兰》，它们分别改编了中国的武侠小说以及中国传统文化中的经典故事，用中国化的方式讲述了中国的故事。随着世界电影作品中中国元素的增多，以及在中国不断拓宽文化传播领域的同时，我们必须认真正确地看待世界电影中对中国元素的运用。

除了中国功夫，在好莱坞的电影作品中还存在很多隐形的中国元素。对中国本土观众来说，在电影中寻找本土的场景也是在好莱坞电影作品中寻找文化认同的方式，中国人也想知道在外国人眼中，中国是什么样子的。对于西方人来说，从电影作品中可以了解东方的现实状况。中国观众应该理性地对待这种现象，应该形成自己的思维以及道德标准，理智地分析这些电影作品中的中国元素所表述的文化内涵。

第三节　中华优秀传统文化的现代化发展

一、中国传统文化现代化的具体表现

中国传统文化的现代化不仅涉及的范围极其广泛，而且还存在着"去伪存真，去粗取精"的学术研讨与文化的再创新等问题，这里主要从以下三个方面进行分析。

（一）中国传统思想观念的现代化

中国传统思想观念的现代化主要表现为传统价值观念的现代化。

在几千年的文化发展和积淀中，中华民族形成了不同于其他民族的价值观念。这些观念大致表现在崇古唯上、家族本位、重农抑商、贵义贱利、尊道鄙器、存理去欲、返璞无为、知足常乐等方面，它们无疑是与我国的现代化进程有矛盾和冲突的。这些旧的传统价值观念，由于长期的积淀，渗透在人们的心理和情感之中，往往自觉或不自觉地就会成为人们活动的动机和出发点，并用它们去审视和评价现实，对新的价值观念很难认同和接受，甚至拒绝和抵抗。因此，必须对这些陈旧的传统价值观念进行全面的变革，赋予时代精神新的内涵，以形成新的价值观念，适应现代社会的发展需要。

（二）中国传统思维方式的现代化

传统思维方式的特征主要表现为整体思维、直觉体悟、辩证综合等方面，即注重从整体角度直观地把握事物，重视事物之间的联系和统一；注重从对立统一中来理解事物的生成、变化和发展。传统思维方式处于中国传统文化深层结构的核心地位，充分反映了中国传统文化的基本精神和本质特征。

传统思维方式在中国社会的发展过程中，显示过其合理性和积极作用，但是，在现代科学技术的发展中，它们的缺陷也是非常明显的，如直觉体悟就是主体凭借自身的知识经验出发，不经过严密的逻辑推理，不受逻辑规则的约束，

就对客体做直接的理解和判断，并做出结论。这种思维方式造成了中国科学理论发展的缓慢，使得中国各门科学体系迟迟不能建立，这是中国近代科技落后的原因之一，如果不加以变革，还会成为中国现代科技向前发展的制约。因此，必须对传统思维方式进行更新和变革，赋予新的内涵以适应现代科学技术发展的要求。

（三）中国传统行为方式的现代化

行为方式是人们在社会生活中形成的一定的行为定式，一般来说，它包含着带有某种常规性、历史性的内容，表现出人的行为的共性和个性的关系。

中国传统行为方式对中国现代化建设形成了阻碍，如在农业社会经济条件下，人们养成了悠闲自适的生活习惯，生活慢条斯理、持重有序、不求速度与效率、没有时间紧迫感，几乎可以说长期以来一直是中国人共有的民族性格，并且渗透在社会生活的各个方面。随着现代社会科学技术的高速发展，人们的生活节奏已经大大地加快，它客观上要求高效率、高速度的生活方式与之相适应，这与传统的悠闲散漫的生活方式是格格不入的。因此，只有彻底抛弃这些传统的行为方式，才能推进改革政策，加快现代化事业的发展。

二、中国特色社会主义新文化的建设

实现传统文化的现代化，目的在于建设中国特色社会主义新文化。而建设中国特色社会主义新文化，必须遵循正确的指导方针和发展方向，从根本上体现先进文化的基本特征。

首先，要体现文化的民族性。任何一种文化首先是一种民族文化，它是民族精神和民族传统的具体体现。中国特色社会主义文化是中华民族的新文化，它是深深地植根于中华民族的文化传统的，即使是到了社会飞速发展的今天，它对今天中国人的价值观念、思维方式、生活习俗、伦理情趣和中国社会的发展道路都有深刻的影响。

其次，要体现文化的时代性。文化作为一定社会条件下的产物，它不能脱离特定的时代。目前，我国正处于社会主义的初级阶段，这个时代的文化特点表现在思想观念上，就是要为改革开放和现代化建设提供强大的精神动力和智力支持，表现在科学技术上，就是要积极表现现代科学技术发展的最高水平。

再次，要体现文化的科学性和创新性。一方面，中国新文化的发展必须坚持以科学的理论为指导方针。只有客观地反映人类对自然界和人类社会的真理性认识，能够顺应人类社会发展规律，揭示人类社会未来发展方向，才是科学理论，才具有先进性。毛泽东思想、邓小平理论、"三个代表"重要思想、科学发展观、习近平新时代中国特色社会主义思想这些指导方针都是中国人民进行反复思考、探索才做出的历史选择，它们代表了中国先进文化的前进方向。另一方面，中国新文化的发展也必须顺应时代潮流，着眼于创新和发展。中国特色社会主义文化本身就是中国文化综合创新的结果，它必须继续以创新精神作为自己的动力，推陈出新，与时俱进，在不断创新中得到发展和丰富，始终保持中国新文化的旺盛生命力。

最后，要体现文化的世界性。任何一种民族文化，必须与不同民族进行相互交流、相互渗透和相互吸收，这样才能得到更好的发展。我国的现代化建设要求不但吸收世界各国先进的生产经营知识、管理知识，也融会世界上一切先进的思想和文化知识，做到"洋为中用"。

三、本土文化的现代化发展

每一个地方都有自己的本土文化，本土文化具有地域性、唯一性、排他性和民族性的特点，本土文化的形成要经过历史漫长的积累。其中，推动社会主义文化的发展就要大力弘扬本土文化的优秀部分，并做到以下几点：

第一，本土文化的发展要坚持社会主义核心价值体系。把文化理论变得更加通俗、更加大众化，使文化理论知识能够更好地发挥并且融入机关、村寨、校园、企业、部队等多个方面。

第二，对本土文化进行创造革新。要让传统文化真正地对人民的精神灵魂起到指导作用，就需要我国政府和人民的共同努力，发挥集体的智慧，不断对传统文化进行继承和创新，让文化更加符合历史时代的需要。我们在对传统文化进行学习创新的过程中，还要坚持与本民族的舞蹈、音乐、影视、文学、戏剧、书法、美术、摄影以及民族民间文学等方面相结合，逐渐创作出被人民所接受和喜爱的文学作品和思想理念。这些文化的改革才能让传统文化更加符合时代和社会进步的需要，才能够被人民所接受和认可，才能发挥出文化的民族特色。

第三，公益文化事业与本土文化的关系。我国社会主义文化建设的主要任务和要求就是积极对公益事业进行发展，让人民群众能够对文化事业保持更加积极的态度。将文化事业与公益文化事业相结合是我们时代所需要的，所以这就需要政府大力加强管理，逐渐缩小城乡、地区、东西部间的发展差距，逐步满足不同群众的文化需要，让公益文化在每个地区充分发挥作用，促进文化事业更上一层楼。

第四，用旅游事业对本土文化进行推动。旅游对文化的传播作用是不容忽视的，而旅游的目的就是对不同地区的风土人情和文化进行了解、认识，所以旅游业的发展对文化来说越来越重要。同样，旅游业在今后的发展方向也可以通过文化进行确定。我们要进一步发展旅游业，用旅游文化对不同文化进行划分，不同的地区还要保持不同的特点，充分结合本土的文化资源，让各具特色的文化功能能够得到充分发挥，比如，九寨沟就具有自己的独特风景，西安有不一样的历史背景，海南则有热情的南亚风情，红河州拥有独特的歌舞表演。所以，我们要不断通过旅游业的发展对本土文化和外来文化进行认识和了解。

四、文化产业的现代化发展

发展文化事业和文化产业，是社会主义文化建设的重要组成部分。发展各类文化事业和文化产业，都要坚持正确导向，把社会效益放在首位，做到社会效益和经济效益的统一，努力宣传科学真理、传播先进文化、塑造美好心灵、弘扬社会正气、倡导科学精神。要坚持解放思想、实事求是、与时俱进，根据新形势下社会主义文化建设的特点和规律，按照文化事业和文化产业的发展要求，不断推进文化体制和机制创新，支持保障文化公益事业，增强文化产业的整体实力、竞争力。这充分说明，随着信息时代的到来和知识经济的发展，文化的价值在人类创造文明历史的实践中已经日益凸显出来，尤其计算机、互联网和数字技术的成熟，催生了高新技术支持的新媒体，改变了文化的生产、传播和消费的方式，以文化价值为灵魂，以科学知识为支撑，以现代传播手段为标志，由文化创意、文化继承、文化制造、文化传播、文化消费以及文化娱乐、服务、交流等诸多环节所构成的新兴文化产业已经成为产业集群。

中国是一个文化资源大国，5000年的文明史所积累下来的丰厚的文化资源，使中国具备了在世界范围内发展文化产业的独特优势。在过去很长的一段时间里，我们并未将其看作一种宝贵的社会经济资源，而仅仅停留在对民族优秀文化艺术遗产的保护与继承的层面上，以办事业的方式对其进行开发和利用。文化产业从社会需求、科学技术、文化产品自身三个方面来看，都有其产生和发展的合理的经济基础。文化产业是符合历史和社会发展规律的结果，是经济、社会发展的必然产物，是文化产品生产在商品经济条件下的具体表现形式。文化产业不是虚拟的，而是现实的，它需要我们更多地关注、思考和发展，并在创新文化的过程中推动文化产业走向现代化。

文化创新是大国博弈之核与世界财富之魂，从文化搭台经济唱戏，到文化领航经济创新，中国正经历着30年来持续不断的大跨越与古今中外从未有过的高速成长，它的核心动力是什么？科学依据是什么？文化成因是什么？未来方向是什么？我们研究、关注的文化创新不仅是创意理念的知识创新、创意内容的资源创新，还需要研究文化产业的创新。

文化产业理论诞生于19世纪40年代法兰克福学派著名学者霍克海默与阿多诺对文化工业的批判。其后，文化产业理论更多地在文化学、哲学的视野中进行研究，侧重于研究文化产业活动对文化、艺术等的影响。虽然文化产业在世界上引起关注已有半个世纪的历史，但是至今并没有统一的定义，甚至没有形成统一的称谓：它在美国叫版权产业，在英国叫创意产业，在西班牙叫文化消闲产业，在中国、德国、韩国等许多国家则叫文化产业。

国家统计局公布我国首个《文化及相关产业分类》，其中定义文化产业是为社会公众提供文化、娱乐产品和服务的活动，以及这些有关的活动的集合。大致分成三类：核心层，包括新闻、出版、广电和文化艺术等；外围层，包括网络、娱乐、旅游、广告、会展等新兴文化产业；相关服务层，包括提供文化用品、文化设备生产和销售业务的行业，主要指可以负载文化内容的硬件产品制造业和服务业。

文化产业的出现，从一定意义上说，是文化自身的目的要求或者说是角色的回归。

人类社会的生产分为物质产品生产和精神文化产品生产，物质产品生产的目的是满足人们的物质生活需要，精神文化产品生产的目的是满足人们精神文化生活的需要。无论哪种生产，无论哪种需要，都是人类生存和发展所必需的。人们为了满足物质产品的需要，就必须不断提高征服自然、改造自然的能力，不断提高科学技术水平和生产效率。精神文化产品的生产也是如此，为了能够满足人们不断增长的文化生活需求，就必须不断提高文化产品的生产能力，扩大文化产品生产的规模，增加文化产品的品种、质量和产量，以满足人类的这一需求。为满足这一需求，一些成功的、被证明是有效的物质产品的生产方式、组织方式以及先进的科学技术在文化产品需求的作用下渗透到文化产品生产领域，而产业化或者说工业化的生产方式就是其中提高生产效率、促进经济发展的最有效的手段，这种物质产品生产方式在文化产品生产领域的渗透，就形成了文化产业，进而形成了多种门类、多种层次和多种类型的文化产品生产和服务体系，并从数量、质量、品种等多个方面满足着人们的文化产品需求。因此，文化产业的出现是文化产品自身目的的一种自我实现，是自身角色的回归。通过这种自我实现和回归，文化产品实现了其满足人们精神文化生活需要的目的。

发展文化产业是文化产品生产方式和传播方式的要求。传统意义上的文化产品生产以个人生产为主，效率低、产量低，文化产品的传播也主要以生产者和传播者自身作为产品的载体和传播的媒介，传播范围窄、速度慢，不利于文化知识的传播和推广以及社会的进步。文化产品生产和传播作为观念、符号和意义的生产和传播，要求有着更快的速度和更大的范围，这是文化产品本身所需要的。在经济不断发展的情况下，物质产品效用的相对降低使人们有了对精神文化交流的更迫切的渴望，于是打着科学技术印记的生产工具被越来越多地应用于文化产品生产领域，从活字印刷术、机械印刷再到今天的电子印刷，科学技术在文化产品生产中的应用越来越深入，极大促进了文化产品的生产，使文化产品能够以更快的速度在更广泛的范围内传播，也在更大程度上满足了人的文化需求，实现了文化自身的目的。

发展文化产业是受众也即文化产品需求者的要求。受众是传播学中的一个概念，是指文化产品的接受者或者说消费者。由于传统生产方式和传播方式的落后，使得文化产品的受众范围狭窄。在传统的文化产品生产方式中，文化产品生产周期长，难以复制，产量少、成本高、价格昂贵，因此，它只能作为一种精英文化、经典文化产品而只被上层社会所享用，对于普通消费者来说，文化产品是可望而不可即的奢侈品。而普通消费者作为社会最广大的需求和消费群体，对文化产品同样有着需求和消费的欲望，并且随着收入水平的提高也变得越来越迫切。那么，如果文化产品继续维持在精英文化、经典文化的定位，就难以实现文化自身的目的，为了实现这一目的，就有了文化产业。文化产业的出现，使文化产品能够大规模地生产和复制，成本降低，价格也变得低廉起来，适应了大众的消费能力，拓宽了受众范围。从这个角度来看，这也是文化自身角色或定位的回归。在文化产业的作用下，文化产品从个别走向了一般，从精英文化转变为大众文化，从奢侈品转变为普通的消费品，它使得大众能够更多地消费文化产品，实现自身的享受需求和发展需求，从而在更大范围内满足了人们的文化产品需求，提高了人们的精神文化素质。

发展文化产业是文化自身价值的体现，或者说是文化价值的回归。文化产品价值可分为两个层次：

第一个层次是文化产品的经济价值。在商品经济发展初期，文化产品是作为物质产品的附属物存在的，文化产品的生产和交换都在低水平上进行，文化产品生产者是非生产性劳动者，其生产劳动不作为社会生产性劳动的一部分，文化产品生产者在社会中地位低下，因此，文化产品生产没有自身独立的存在形式，而只能成为物质产品生产的附属物存在。在这种情况下，文化产品生产者的劳动不被社会所认可，文化产品的价值就很难体现，由于文化产品的生产也是一种投入产出的经济行为，在文化产品不成其为商品的情况下，文化产品生产的投入就很难得到补偿。文化产业出现以后，文化产品生产获得了正当的形象和社会地位，成为生产性劳动，文化产品生产者成为生产性劳动者，文化产品也变成了商品，成为必须通过市场交换、通过有偿手段才能获得的消费品。在文化产品的交换中，文化产品生产者的劳动得到社会的承认而成为社会劳动的组成部分，生产者的投入也就得到了补偿，文化产品生产获得了连续生产的经济保证。在这一文化产业化的过程中，文化产品的经济价值得到真正的体现。

第二个层次是文化产品的文化价值或者说文化产品的智力价值。在传统经济时代，由于文化产品生产者社会地位的低下，不仅本身得不到社会的认同，而且文化产品由于是无助于生产力发展的纯消费品也得不到社会的承认。因此，文化产品以及凝结于其中的生产者的心血成为任何人可以任意处置的东西，文化产品生产者的智力成果被忽略和滥用，影响了文化产品生产者的积极性。伴随着文化产业而来的是文化产品的商品化，在文化产品商品化的过程中，文化产品生产者的智力成果受到尊重，文化产品生产者成为自身智力成果的占有者，而要对智力成果这一无形效益进行使用，必须通过有偿交换的方式才能取得。文化产品智力价值在文化产业条件下的实现，成为文化产业进一步发展的动力，提高了文化生产者的积极性和创造性，推动了文化产业的发展。

近年来，我国的文化产业得到了较快发展。这是改革开放特别是党的十四大确立社会主义市场经济体制的必然结果，也是国际经济文化的交流与合作日益扩大的必然结果。文化产业的不断发展和壮大，有力地促进了人们的思想解放和观念更新，推动了文化体制改革，并且在社会经济生活中产生了重大作用和影响。

文化产业已成为经济社会发展的新主角。《国家"十一五"时期文化发展规划纲要》的颁布，确定了文化发展的指导思想、方针原则和目标任务。这些新文件和新精神，明确了文化产业发展的体制和政策环境，使我国文化产业开始扮演中国经济增长的新主角。

从我国的文化产业法人单位的数量和拥有资产、营业收入、实现增加值等指标看，经营性产业单位都大大高于公益性事业单位，说明文化部门已经不是传统计划经济条件的"公共服务部门"；我国文化领域不断开放已经呈现多样化形态；从法人单位所有制类型看，公有资本与非公有资本之比为51:49，其中国家绝对控股的占4%，相对控股的占0.6%。

这说明，我国文化领域投资主体多元化的局面已经形成。虽然，在2015年12月底，国家统计局在我国首次经济普查中统计文化产业总量不大，但其结构趋于合理。

中国社会科学院与上海交通大学联合发布的2017年中国文化产业发展报告指出，尽管中国文化消费总量平稳增长，但是与同等发展水平国家相比，中国文化消费总量过低，居民文化需求的满足程度不到四分之一。报告说，2016年，我国居民教育文化娱乐服务消费总量约为9370亿元，排除其中一半的教育支出，2016年我国城乡居民家庭文化消费总量则为4685亿元左右。

文化产业的崛起是建立完善社会主义市场经济体制的必然结果，是顺应文化经济一体化发展趋势的必然选择，是满足人民群众日益增长的精神文化需求的迫切需要，是参与文化国际竞争的必然要求。

随着市场经济体系的逐步完善和我国经济建设的持续发展，文化产业在近几年取得了长足的进展。以社会创办的文化产业为例，2013年以前远远小于文化系统，但到2013年，却是文化系统的2.7倍，从业人员的1.5倍，迅猛的发展势头可见一斑。

"文化产业"一词，自20世纪80年代传入我国后，对其内涵与外延的界定差别较大。当然，这种分歧是在承认文化产业的前提下的争论。广义地讲，文化作为一种产业是毋庸置疑的，因为一切有投入产出、按照社会劳动分工体系发展的要求而形成的事业都可称之为产业。根据我国社会主义初级阶段的实际情况，可以把文化生产分成以下三类：

第一，现阶段还难以产业化的文化生产。这主要包括：一是以知识、审美为取向的高雅的文化艺术和严肃的学术著作；二是以教育功能为主、思想和艺术相统一、具有很强的导向性的文艺作品；三是以提高全民文化素质为己任的部分公益性文化场所和文化事业；四是以青少年为对象，陶冶青少年情操，向青少年灌输正确的世界观、人生观、价值观的文化活动、作品和场所。这类文化生产的主要目标是追求社会效益，体现国家的意志和愿望，无法以市场为中介自负盈亏，因而不能产业化，只能由政府来生产和管理。

第二，应以产业化为取向的文化生产。其中包括大量雅俗共赏、寓教于乐的文化产品和服务，古为今用的传统文化和洋为中用的异域文化，以及直接为社会主义市场经济建设服务的应用学术文化，如电视业、出版业、报业等，这些文化门类承担着社会主义上层建筑文化传媒的职能，其生产既要讲求社会效益，也要讲求经济效益。但在追求经济效益时，必须有一个"度"，如果一味迎合市场，通过媚俗的手段来追求卖点，就会损坏其应有的文化价值和社会价值。因此，在人们的文化消费心理和消费需求尚需培育的阶段，这些门类的文化生产还只能是半产业化。政府应给予一定的投入和必要的扶持，使这些门类的文化生产在市场中发展壮大。

第三，可以完全产业化的文化生产。其中包括大量消遣性、娱乐性、益智性的文化活动、作品和场所，如演出业、音像业、旅游业、体育业、广告业、集邮业、收藏业、印刷发行业、信息传输业、教育培训业、咨询服务业、文化经纪业、装饰设计业、工艺美术制造业、文化设施工程业等。这类文化生产以经济效益为主要目标，它们能够以市场为中介实现自负盈亏，应该完全产业化。政府对其生产经营应采取只"管"不"办"原则。

以上三种类型的文化生产之间的界限是不断变动的。由于文化产品具有两重性质，人们看到更多的是文化产品的教化审美导向属性，把文化生产单位看成非物质生产部门。因而，从一开始，文化生产单位就被定性为事业单位，文化产品的商品属性被长期掩盖了。在这种认识的支配下，文化产品所特有的巨大的经济价值得不到开发，文化产业的地位迟迟不被认可。在市场经济初期，由于认识的滞后和混乱，文化生产经营机制和管理体制还远未建立起来，从而导致文化市场的脆弱和失范。因此，推进文化产业的发展，必须对文化生产和文化市场进行战略调整。

　　目前，我国的文化市场，主要包括娱乐、音像、书报业、演出、文物、影视、美术、艺术培训、中外文化交流九大门类。市场表现为高速成长的良性态势，要从根本上保证文化市场的有序繁荣和健康发展，关键要实行法治，这不仅是市场改革和发展的要求，也是文化市场自身建设的必然趋势和内在规律。同时，还应大力培育市场、引导市场，大力促进文化市场的社会化、产业化建设。如今，中国社会经过了几十年的改革开放和高速增长，恩格尔系数迅速降低，公民的文化消费需求正迅速增长，已经成为一个有效拉动内需的重要因素。我们更有充分条件顺应这个历史的潮流，占据历史发展的先机。只要我们按科学规律、经济规律和文化规律办事，有序推进市场取向的文化体制改革，就会进一步推动我国的文化产业创新发展。

　　需要指出的是，文化产业不是孤立的，它是全球经济文化的博弈。在全球经济文化的博弈中要实现跨越发展，中国既要走出新工业化的道路，又要走出信息化和文化产业的道路。

　　综上所述，文化乃国脉之所系，是一个国家、一个民族全部智慧与文明的集中体现，是维系一个国家和民族的精神纽带。文化兴，则国家兴；文化衰，则国家衰。兴衰之间，全在创新与否。创新是文化发展的灵魂，创新能力是一个直接关系到中华民族文化兴衰存亡的关键性问题，因此，要全面推进国家文化创新能力系统的建设。这是一个全民族的国家文化建设工程，它以对个人文化创新能力的关注为核心，以对群体文化创新能力的提高为宗旨，聚焦于国家整体创新能力体系的建立与完善。这就要从根本上全面实现对文化创新能力的提高，要克服对西方文化的能力依赖，就必须在中国的思想文化界、学术界和艺术界，积极倡导"独立之精神，自由之思想"的文化创新的理想境界，健全和完善知识产权保护体系，广开言路，在宪法和法律所赋予的言论自由的范围内，鼓励人们在文化领域进行大胆的科学探索，尊重一切严肃的原创成果，建立严格的对侵犯言论自由和知识产权的惩罚措施，维护公民在精神文化原创领域的合法权益，撤销各种违反文化民主、文化平等和超国民待遇的文化政策和文化法规，加大国家对文化创新能力系统建设的政策投入，制定以政府为主的、实现国家文化创新能力系统建设所必需的，以及面向全球文化竞争的文化政策和产业政策，建立各级政府，特别是意识形态管理部门和文化学术界之间，公共部门和文化人、学者个人之间的伙伴关系，以共同推进国家文化创新能力系统建设所必需的思想、观念和理论的探索创新。在这个过程中，政府既是国家文化政策和发展战略的制定者，同时也是国家文化创新能力系统建设的组织者和合作者。当然，国家文化创新能力系统的建设不仅强调文化成果的原创性，而且同样关注文化原创成果的传播与扩散，以及关注它的产业化。只有这样，面向21世纪的中国文化在经济全球化的背景下才能获得独立自主的全面发展创新。

五、中国传统文化的全球化发展

中国的现代化不仅面临着中国传统文化的变革，也面临着世界文化的变革。

（一）汉语教育的国际化发展

语言是文化传播最有力的媒介之一，文化是语言表达最主要的内容之一。自从中国步入到21世纪以来，中国的文化以前所未有的速度和规模向世界迅速地传播。其中，孔子学院在世界许多国家的建立，就说明了中国软实力的不断增强。在传播文化的过程中，语言文字就如文化的高速公路，促使全球性文化语言能更好地交流，而这种信息交流也表现出了及时性、共同性的特点。

传统文化重在修身养性，但是一些人的心理较为浮躁，急功近利，对中国传统文化的理解与运用不够，导致中国传统文化整体革新力度不足。中国传统文化在海外传播的过程中，存在传播主体缺失、传播效果有限等问题，这些都不利于文化传播。中国传统文化的起源地是中国，在发展中必须由中华儿女发扬光大，然而说外语、看国外图书，却成为当下一些青少年追逐的潮流。与之相对，部分外国友人受到中国文化的影响，开始争相学习与宣传中国传统文化。

中国武术博大精深值得学习。在很多外国人的眼里，中国最优秀的文化就是中国功夫。《卧虎藏龙》的成功，给了很多国内的导演进军国际电影节的勇气和信心，这促进了我国文化软实力的提高。但是，一个国家的发展不能仅靠身手打天下，这样的国家违背了武术的精神，要知道国家发展的内涵在于文化思想。即便是孔子学院，在其教学体系中，如果单纯的以汉语教学为主，只宣扬儒学理念以及传播国学，这样的传播方式也是十分有限的，不利于世界对中国形成正确的认识与理解。

创新文化的内容不仅仅包括我们生活的环境，同时还包括人的思想。在文化传播的体系下，交流传播的障碍与其他障碍相比较来说，是较少的，这不仅是地域的原因，同时也是文化背景的原因。但是，传播方式较为单一，尤其是文化传播方式的选择决定了传播的效果，在传播的过程中只有结合当地人的需求，以喜闻乐见的方式对传统文化的传播方式进行创新，这才是我国传统文化最有效的传播方式。中国传统文化是非常广泛的、丰富的，并且文化内涵深得人们的喜爱。中国传统文化的发展并不是穷途末路，而是等着我们去深入了解与挖掘。

在对外汉语教育中，汉语作为教学语言，是国家对外汉语教育事业发展的重点。一般来华学习汉语的人大多是外国成年人。教学对象主要是来自世界各地的汉语学习者，接收人群有限。

对外汉语的教育工作只有走出国门，在世界各国传播、发展，才能促进汉语在世界范围内的发展。顺应时代的发展，我们应注重国际汉语教育的国家化，明确传统文化的内涵，在教学过程中明确教学理念。如果不能明确地了解文化内涵势必会引起文化思想混乱，不利于汉语国家化教育的整体发展。

　　汉语教育机构作为对外推广中国传统文化的基础，以孔子所命名的汉文化学院进行对外文化传播，有利于文化的传播和中外交流，有利于利用语言让世界了解中国传统文化的特点，有利于反映我国传统文化理念。孔子是不同于其他人的，孔子作为政治家、思想家、教育家，在哲学、文化、政治等方面都占有重要地位，其身份也使他能更有效地推广文化发展。语言在发展的过程中，所传播的最基本的内容就是文化。

　　国外的汉语初学者可以通过对中国文化思想的学习来了解中国的政治、经济、伦理道德等情况，并在学习中国文化的过程中，积极进行跨文化交流。但是，生硬学习的整体效果不如受文学本身潜移默化影响的效果好。

　　文化在发展的过程中，必须尊重本身的思想观念以及其所反映的民族意识的特点。同时，中国在汉语对外文化交流的过程中，必须以中国的文学作品作为主要的传播内容。

　　世界上各个国家以及各个地区的华人不光使用普通话，还使用带有地方特色的方言。民族共同语言与民族标准语言是两个不同的概念，民族共同语言是指同一个民族的人民在生产、生活中，彼此之间交流思想感情和交往联系所共同使用的语言。在实际语言教育中，应该教给学习者规范的普通话，而不是带有方言味道的话语。普通话，是标准汉语，是不同民族间进行沟通交流的通用语言，以北京语音为基础音，以北方方言为基础方言，以典范的现代白话文著作为语法规范。针对目前社会的现代化发展来说，为适应民族与现代化社会的发展，地方性语言正逐渐朝着规范化的民族语言发展。

　　民族共同语言是必须存在的形式，国际汉语教育不能盲目顺从学习者的要求而降低语言的标准，即使是普通话中较难发的语音也应该学习，国际汉语教学者要教给外国学习者民族标准语言。在世界各地的华人居住区，流行着各种带有地方特色的方言，这些方言在现实生活中主要用于人与人之间的交际，是依靠自己所在地区的语言习惯、语音以及语法，去套用自己所学习的语法，进而形成带有特色的方言。国际汉语教育者应根据学习者母语表达的思维方式，规范学习者对汉语的正确使用，促使学习者掌握学习汉语的技巧。

（二）中国医药文化的国际化发展

中医药文化的对外传播，既是一种挑战，也是一种机遇。传统中医药文化需要统一的规范，漏译、节译、错译的错误翻译方式会造成信息失真，导致中医药文化传播的内容严重地偏离中医药书籍原著的内容，直接影响了中国医药学在世界领域的传播与应用，这不利于中国传统文化的传播。

医药文化以及医学理论的差异，使中医药文化在对外传播的过程中会遇到技术性的问题、政策性的限制以及全球性的贸易壁垒。西方国家对中医药文化的认可度不够，同时，很多国家不信任中医，对中药持有怀疑的态度，导致禁止中药销售使用等情况的出现。中药产业的发展，可以促进中药理论的发展，因而我们应提高对中药产品的质量要求。从目前的中医药文化的发展与传播情况来看，中医药文化在传播过程中缺乏系统性。

中医药文化中的针灸治疗的效果是非常明显的，给西方人留下了深刻的印象，针灸被西方人称作"中国医学最重要的文化"。但是，很多国家对中医药的认识，仅仅局限于针灸领域，对中医医学的配药、方剂等，没有足够的认知。在医疗实践的过程中往往以偏概全，这样不仅不利于对中医药的整体认识与了解，还会出现中医药文化对外传播困难的情况。中医药科学的性质在世界医药文化领域不被认可的原因之一是中西方文化的差异性。中西方在基本概念以及思维方式上，存在很大的差异。中医药文化在传播过程中，由于各个国家发展的程度不同，必然会产生一系列的误解与阻碍。

因此，在发展的过程中，只有承认差异，以文化对话为基本发展前提，互相融合，才可以达成文化发展的共识。因此，我们应在发展的过程中找到恰当的方式，有效地促进中医药文化的发展，推进中医药文化的对外传播。

第三章　中华优秀传统文化的传承

中华优秀传统文化堪称世界文化宝库中的最为闪耀、璀璨的明珠，蕴含着丰富的内容，因此，一定要不遗余力地将中华优秀传统文化传承和弘扬下去。首先，我们要先对优秀传统文化进行学习，只有正确理解传统文化才能正确对待它。同时我们也要秉承结合时代发展的特征，融入马克思主义的观点和理论，学习并传承优秀的文化，将不适应时代发展的文化去除。其次，将中华优秀传统文化与马列主义和我国的实际国情结合起来，从实际出发，加强党的指导思想的落实，运用科学发展的观点促进马克思主义中国化的建设，在优秀的传统文化上不断创新，使得中华优秀传统文化在新时代的背景下继续闪闪发光。

第一节　中华优秀传统文化传承的重要意义和途径

一、中华优秀传统文化传承的重要意义

（一）中国传统文化的现代意义

21世纪是一个机遇和挑战并存的时代，我国在此背景下最终的根本任务就是实现全面的现代化。中国传统文化在这种情况下其发展的方向就是成为社会主义新型文化，要适应现代化的建设。但我们不能完全放弃优秀的传统文化，因为新型文化和传统文化有着千丝万缕的关系。"传统"并不意味着守旧或者僵化，因为传统的文化是经历千百年来劳动人民智慧的结晶，经过了千锤百炼，能够给我们现代生活和发展带来无价的启迪和智慧。将中华优秀传统文化学习、理解透彻，可以帮助我们科学并合理地将优秀传统文化继承并发扬，结合时代和国家的发展要求形成中国特色社会主义新文化，增强我们的民族自信心和自豪感，成为发展创造新动力。中华优秀传统文化的时代价值和意义具有以下几点：

1. 科学合理地评价中国传统文化

要想让人们对中华优秀传统文化的现代价值在认识上统一，首要解决的问题是对中华优秀传统文化的科学评价的问题。什么是科学且合理地评价中国传统文化？其本质就是要在整体上对中华传统文化进行辩证发展的研究和发现。不能随意或者充满主观性地评价中华传统文化，要更加客观理性。因此，这里总结了对中华传统文化总体评价的三个方面：

（1）中国传统文化是统一性与多样性的对立统一。我国的传统文化在秦汉时期逐渐开始形成大一统的文化，但是大一统并不是说我国的传统文化内容单一。反而我国的传统文化具有多样性，是在多样性基础上的统一发展。比如说，从中华传统文化的内容上看，其文化包含了对自然界的探索发现、对社会人文的考察、

对政治经济上的见解以及对科学技术上的思考，庞大繁杂的这些中华传统文化必然包含了许多合理且深刻的认识。从中华传统文化的时限上说，远古的、古代的、近代的文化都属于中华传统文化。我们也可以将传统文化划分学术派别，在先秦时期，我国就存在儒、墨、道、法、阴阳、名、兵、农等诸子百家并存的盛况，这些各派各家的文化经过长年的发展开始彼此借鉴和融合，形成了新道家、新儒学和佛、道等文化。再从文化层面上看，中华传统文化中有的追求哲学和道德的价值，有的追求个人生命、文学艺术、科学技术以及人性关怀的价值。从这多角度的分类可以看出，中国传统文化是多样性的文化，因此，不能在总体评价上从单一的角度或者领域看待。

在理解中华传统文化上要理解其统一性和多样性的对立统一的关系，进而在对其现代意义的发掘时就可以从更多层次、更多方面和更多角度来践行，促进社会主义现代化的新文化建设。

（2）中国传统文化是连续性与变革性的对立统一。中华传统文化具有世界文化发展过程中独一无二的连续性。我国的传统文化可以追溯到远古时期，一直到夏商周的三代，这个时期是中华传统文化积累和发展的过程。到了春秋时期，出现了一位最伟大的文人、教育家——孔子，他通过整理和总结三代文化，逐渐形成了儒家学说。孔子之后，中国进入了历史上文化最为活跃的时期，各家学说百花齐放，百家争鸣。到了汉代，董仲舒建立起天人感应、阴阳五行的学说，并且最为重要的是他提倡"独尊儒术"，形成了儒家、道家和法家相互融合、互补的思想体系，这些思想体系中的内容成为我国封建社会很长时期内的意识形态来源。从汉唐直到宋明理学时期，封建大一统的文化走向了最为鼎盛的时期。我国的传统文化在长期的历史发展中并没有中断。

中华传统文化的连续性并不是单纯的持续存在、持续发展，而是在原有文化的基础上还会不断创新和变化。比如说在先秦时期，周朝继承了前人的文化，并且更新发展，到了春秋时期，以孔子为代表的一大批文人对《周礼》进行重新解释；孔子的思想后来又得到了孟子的继承和深化，最后荀子针对整个先秦时期的百家争鸣的学术学说进行了融合和总结，其本质上是一个连续性和变革性的过程。

每一次传统文化的发展都是在前一次或者说在先辈传统文化的基础上进行创新和发展的，这些被创新的部分又会成为新的传统文化的一部分。

（3）中国传统文化是独立性与融通性的统一。中华优秀传统文化的独立性具有两方面的本质：一方面指的是中华传统文化是由我们中国人自己独立创造发展起来的文化；另一方面是指中华传统文化很早就已经形成了自己的体系。我国传统文化中最为基础的是汉字语义和语音体系，中国的汉字凝聚了中华民族的文化特色，并且以这种汉字为载体，在这个基础上形成了独创性的哲学、宗教、文学艺术以及道德等，进而形成了多种多样的学术思想体系，这些内容又在几千年的历史发展中形成了我们独有的风俗习惯、礼仪典章、民族心理以及民族性格。但是，不能说中华传统文化完全是自己属地的产物，没有一点外来文化的融入，中华传统文化在发展的过程中也吸收了很多的外来文化，它的形成和世界文化是有联系的。在唐朝时期，由于开放包容的环境就使得传统文化吸收了大量的外来文化，促使唐代的文化十分繁荣。

经过千百年的发展经验总结，我国传统文化持续性发展并充满活力的原因就是在保持本民族文化主体性地位的同时学习和吸收优秀的外来文化，组成更加完善、多样性的中华传统文化。

2. 增强民族自豪感和爱国情怀

中华优秀传统文化是中华民族遗留下来的、十分宝贵的精神遗产，它具有十分博大的内容和深刻的精神思想。中华传统文化在很长一段时间里都领先于世界各国，人类文明因为中华传统文化而更加丰富多彩。学习中华传统文化让我们真正感受到中华民族的优秀、中国的伟大，深刻的认知也能帮助我们增强民族自信心和自豪感。

现代社会科学技术在不断发展，随着互联网的深入，我们进入了信息化的社会，利用各种信息技术可以帮助各国、各地区加深交流和学习，并且其文化交流的深度和广度也是前所未有的。在这种文化大交流、文化大融合的时代，我们每一个人要把握好参与文化交流合作与竞争的姿态。要将每一个民族文化的特征把握住，这些是相对来说比较困难的，比单纯表面的特征要困难。但是，我们要不畏艰难，从实践中寻找经验和规律。各种文化虽然具有繁杂的形态，但是每个文化都有自己民族文化的主色调和主旋律。我们对各民族特征的辨识是从每个民族特有的民族精神中挖掘出来的。我国的传统文化经过几千年的发展为世界文明做出了巨大的贡献，中华优秀传统文化源远流长，蕴含丰富的内涵，是我国民族精神的集中体现，因此，为了学习中华民族的精神，更加深刻地认识自己，我们需要不断学习、研究传统文化，这也有利于增强我们的民族自信心和自豪感，振奋民族精神，增强民族责任感，加强我们的民族凝聚力，使自立自强的中华儿女会更加坚定地迈向未来，为民族崛起奋斗。

3. 推动改革开放和现代化建设

深化改革开放和建设中国特色社会主义新文化，是我国走向世界的大势所趋。新时代要求新文化，现代社会的发展绝不是单一的经济发展，而必然是经济文化一体发展的过程。因此，研习中国传统文化是发展先进文化、深化改革开放和社会主义现代化建设的必然要求。

作为当代中国人，特别是青年学生，不能只讲abc、xyz，只懂微机、软件和美元、欧元，却不了解长城、黄河，不了解文天祥、史可法，不了解"四书""五经"。中国传统文化尤其是其中的经典是非常有价值的。对经典进行了解可以帮助我们将文化的视野更加打开，因为这些经典之所以是经典，是因为它们超越了时代的限制，具有很强的民族特色，并且经典的体系并不是固定的已经被实证的结论，它们大部分都是和社会与人生等各种普遍的问题直接相关联的，并且具有民族的特性，对我们后辈的学习带有强烈的启迪影响。对中华优秀传统文化的研习不仅可以增加人们的自身修养，还肩负着建设中国未来新文化的任务。未来的中国文化虽然是新时代的现代文化，但是现代文化不是无根之木、无源之水，它的基础是中国传统文化，只有植根于传统文化，现代文化才能更好地发展。现代文化是现代和传统的统一体，也是世界的文化、民族的文化。中华优秀传统文化具有强大的包容力,也可以吸收先进的外来文化为我所用,不断提升文化内涵、对中华传统文化的学习和研究让我们拥有更加开阔的视野,以开放、包容的心态面对世界,形成更加璀璨的中国特色社会主义新文化。

4.提高个人的文化素养和思想品位

中华优秀传统文化具有深厚的底蕴,并且格调高雅、富有哲理,具有强烈的感染力。可能传统文化中的一句话、一首诗歌、一段乐曲、一幅绘画都能带给人深刻的启迪,这些传统文化中折射出来的情感和精神与我们产生强烈的共鸣,长期沐浴在这些优秀的传统文化中能够陶冶我们的情操、提升我们的境界。优秀传统文化的研习帮助我们蕴养精神气质,让我们的仪表仪态更加有风度,言谈举止更加有教养,拥有良好的精神面貌,提升文化修养。因此,为了这些良好的文化素养的养成,我们一定要多多研习中华优秀传统文化。

中华优秀传统文化教会人们学会做人,我们完全可以把中国优秀传统文化作为学习做人的教材,并且要比一般的教材效果还要良好。在中华优秀传统文化中,伦理道德和人格修养方面永远是最为重要的话题,这些内容被归到了伦理型文化。在《大学》中就直接指出"大学之道,在明明德,在亲民,在止于至善",主张修身、齐家、治国、平天下。这些内容都是对道德和自我修养上的规范。

孔子提倡"己欲立而立人,己欲达而达人""仁者爱人""己所不欲,勿施于人"等,这些言论包含了深刻的伦理精神。中华优秀传统文化中的各家各派都充满着对人生伦理的规范,比如,儒家崇仁、尚义、重节,道家追求不为,顺其自然,洁身自好,这些都是人们的理想精神追求。我国的人文教育自古就已经形成,并且在人文教育中一直都是将儒学作为中心,这也是中华传统人文教育的主流。总结中华优秀传统文化的人文教育,可以发现重礼、尚义、崇仁始终都是中心思想,人们将高尚的完美人格作为毕生的追求,中华儿女在这种优秀的人文教育传统的长期熏陶下塑造成优秀的人格,帮助我们不断培养优秀的人物,促进国家的长足发展。

(二)中国传统文化的世界意义

中华优秀传统文化自古以来都是世界文明和文化的重要组成部分，并且具有十分重要的作用。在西方的罗马帝国时代，我国的传统文化主要是以物态的形式传播到西方国家，这里主要是指丝绸的交易。在17至18世纪的欧洲国家，兴起了"中国热"，这是真正从思想和精神方面对西方造成影响。尤其是在法国的思想启蒙运动中，很多思想家和革命精神领袖者，比如伏尔泰等人就将孔子的思想融入了革命中，对宗教神权和封建王权进行抵制。西方国家十分崇尚中国的道德观念，甚至还提出将中国的道德观念作为政府推行的范本。因此，法国启蒙思想将中国古典的道德理性作为重要的理论武器。

到了今天，中国传统文化的世界性意义仍然存在。英国的历史学家汤因比曾经说过，如果他有条件可以自由选择想去的国家和想去的时间，他一定会选择成为公元1世纪的中国人。因为汤因比认为中国古代拥有十分灿烂的文化，并且还对未来做出预测，认为中国古代的文化在将来也会对世界做出积极的贡献。

中国传统文化尤其是儒释道合一的思想文化对世界的影响力具有历史必然性。经过历史发展的经验，我们都知道工业文明要先进于农业文明，但是工业文明也有自己的缺点，并不是完美的发展形式，工业文明的发展会给地球带来严重的环境污染，并且浪费资源，将人类社会的贫富差距越拉越大，也最终造成了人性的堕落。在对这些工业文明带来的弊病进行反思的时候，西方的学者纷纷从"前工业社会"的农业文明中去吸取经验和智慧来设计"后工业社会"，而中华优秀的传统文化就是农业文明的一颗璀璨明珠，蕴含着巨大的智慧。

现在西方国家推崇、肯定中国的传统文化主要是在以下几个方面：一是在个人和社会的关系问题上，西方国家比较肯定中华传统道德中重视德行与贵和思想；二是在任何自然的关系上，中国的天人合一、和谐共存的精神受到西方国家的推崇；三是在人和自身关系的问题上，西方国家比较向往中华传统文化中道家自觉、自在和自由的追求，同时向往尽心、知情和知天的理想人格。

中国传统文化是更加符合培育人生内涵的文化，因为它十分注重心性，这也是它的基本特征，这种特征可以帮助人们找回自我，不至于迷失在物质的世界，给予人更多的智慧启迪。中华传统文化在当今社会具有现代价值和世界意义。我们也要相信，中国传统文化秉持着自己特有的智慧帮助人类文明和文化不断发展与创新。

二、中华优秀传统文化传承的途径

（一）建立政府主导下的利益导向机制

1. 完善传统文化管理制度

传承优秀传统文化需要政府部门的大力支持以及管理。首先，政府部门要在制度方面做好保障，建立传统文化管理制度，在制度的保障下加强管理工作的实施，做好领导和调配工作，组织好各方力量将工作更好地落实，每一个部门都要明确自己的职责，履行好自己的责任，将传统文化的建设工作放在重要位置。传统文化建设的工作不应该只是单纯的文件性工作，应该纳入日常工作中去，各部门协调和统筹工作内容、明确责任、做好分工，建立起相关的传统文化发展的规章制度和法律法规，增加宣传的力度，形成政策利益导向机制。同时，对制度和管理的监督工作也应该落实到位，建立起监督、检查和预警的机制，并且增加、明确各类奖惩的措施和制度，并加大力度。传统文化的建设工作在推行的过程中要时刻明确工作的进展情况，将每一个工作进程分解开来，每一步都要层层把关，将具体的奖惩方法和业绩考核的机制确定完善下来，最好是将传统文化的建设和发展工作纳入政府部门的年终考核体系中，一个领导班子的业绩也要看对传统文化推行工作的结果，这样才能调动各部门的工作积极性。党的十八大提出了多项关于传统文化建设和弘扬工作的要求和任务，相关部门要以此为工作的目标，早日实现传统文化工作的各项具体任务，并树立先进典型，以此来激励人们工作的积极性，形成全党、全社会共同推进传统文化大发展、大繁荣的浓厚氛围。

另外，要大力促进党政统一管理、组织协调、分工负责的工作机制的建立健全，这将在全党和全社会形成一个良好的、积极的、共同参与的工作局面，对传统文化的建设工作要建立完善各个目标的责任管理制度，根据工作的目标形成具体的工作细则，并且完善日常考评的机制，加大工作监督和考核的力度，确保工作能够有实效性，早日完成传统文化建设的工作目标。将传统文化发展的规律和主线把握到位，根据传统文化宣传工作的特点和规律来制定相关的工作办法，针对工作中出现的新问题和新困难要及时并且有效的解决。一同将加强传统文化建设和弘扬优秀传统文化与政治、经济与社会的各项工作统一部署，共同组织和监督。

2. 健全传统文化建设工作机制

建立和完善传统文化工作机制，是实现文化兴国，推进文化大发展、大繁荣，传承优秀传统文化的重要保障。要从继承和创新相结合的角度，加强党和政府的统一部署和领导，各级各部门齐抓共管，互相协调分工，各尽其职、各负其责，从思想上重视传统文化建设，并将全社会、全国的力量拧成一股绳，合成一股劲，形成全民参与的工作局面，激发阶层参与传统文化建设的热情。要根据传统文化发展的具体内在要求来稳步推进传统文化建设工作机制的发展和完善，同心同德、齐心协力，共同把我国的传统文化建设推向新高潮。

第一，要求我们的决策机制要完善。在现阶段，我国的各项事业都处在飞速发展的历史机遇期，这就必然要求我们党和政府在新的形势下不断加强和改进工作方式，提高领导和工作水平，进一步深化和加大对文化的体制改革工作力度，面对目前我国传统文化事业所遇到的各种困难和新危机，做出关键的、有力的、科学的决策，要以《中共中央关于深化文化体制改革、推动社会主义文化大发展大繁荣若干重大问题的决定》为工作指导，完善文化改革决策制度和程序，建立"决策风险"评估机制，面对关于传统文化建设的重大历史性决策时，要广泛地听取民意，吸取民间、百姓和专家学者等来自大众的声音。要虚心接受各方面和各阶层的意见和建议，主动了解民间关于传统文化建设的各种有益声音，做出符合广大人民群众的决策和决定，切实保障人民群众对重大传统文化建设决策的参与权和知情权，同时，要自觉接受党同人民群众的监督，及时反馈，以保证决策的正确性、科学性，促进文化体制改革的顺利进行。

第二，要严格落实责任制。各级各部门在领导传统文化建设的进程中要做到任务清楚、责任明确、深化认识，积极承担起各自相关的责任和任务；要进一步加强我党建设社会主义先进文化中的组织、领导、协调以及核心的作用，完善沟通协调机制，增强主动作为的主动性，形成由政府统一指挥、各部门协同分工、互相配合、全党全社会共同参与传统文化建设的工作局面和良好氛围。落实并完善好传统文化建设工作责任制，并将目标责任落实情况纳入干部政绩考核的内容。落实责任追究制度，对于没有按规定完成相关任务的单位和个人，要追究其相关责任。我们要以党的十八大提出的相关任务为中心，积极实践、敢为人先，坚决贯彻落实中央文化建设的各项措施和方案，为我国的传统文化建设多做贡献。

第三，要加强监督机制建设。我国传统文化建设目前存在问题的主要原因之一就是监督管理不够。要加强包括党内互相监督、群众监督和舆论监督在内的监督管理体制建设，为我国传统文化建设提供有力的法律保障和监管措施。人大积极立法，加强法治建设，同时发挥政协以及其他各部门和民主党派、个人、团体的能动性，重视这些个人和团体的批评和意见，鼓励其建言献策，听取他们的建议，尊重他们的监督权并自觉接受监督，确保监督相关部门工作的有效开展，保障各项法律、政策的顺利进行，并得到有效的落实。

第四，要完善社会参与机制。建设中国特色社会主义文化事业离不开社会各阶层、各方面人员的参与和支持。充分调动广大人民群众和社会力量参与传统文化建设，对我国的传统文化建设有着巨大的促进作用。传统文化建设仅仅靠国家和政府是远远不够的，没有社会因素的支持，这项工作很难进行，甚至是寸步难行。因此，我国要鼓励和引导社会资本、社会团体以各种形式参与进来，加强创新和制度化建设，参与文化体制改革，为传统文化大繁荣献计献策，共谋发展大计。

健全传统文化建设工作机制，强化部门间的分工与协调是发展传统文化事业的重要组成部分，两者相辅相成。必须坚持党的领导，坚持马克思主义基本思想，自觉落实科学发展观，把持续深化文化体制改革与文化创新紧密结合起来，把传统文化建设与实现小康社会紧密结合起来，增强使命感和荣誉感，时刻保持与党中央高度一致。以科学的手段、严谨的工作态度推动各项文化事业的顺利进行，不断提高领导传统文化建设的本领和工作能力。始终坚持文化发展的成果由广大人民共享这一中心思想，牢固树立为人民服务的思想，为把我国建设成为人民生活幸福、文化事业高度繁荣的社会主义现代化国家做出积极贡献，从而实现优秀传统文化的繁荣与复兴。

（二）建立文化传承相关的政策保障机制

建立健全优秀传统文化的传承机制，相关的政策法律保障要先行。我们的传统文化传承不仅需要我们个人的重视，还需要国家配以完善的法律和政策来保障实施，为传统文化的不断传播保驾护航。这就需要我们充分发挥主观能动性，制定文化管理政策，科学地管理和开发文化资源，勇于创新，建设一套完整的、科学的传统文化建设保障体系。

1. 加大投入力度和政策扶持力度

优秀传统文化建设是个系统的工程，需要不断注入相关资金投入来支撑，没有资金投入，传统文化建设将寸步难行。我们应该为长远考虑，为子孙后代和国家、民族的兴衰考虑，加大投入力度，合理规划资金的使用支出，完善相关财政和政策保障机制。引导各项资金向传统文化事业和传统文化领域流动，积极拓宽资金来源渠道，提高文化事业的财政支出比重。加大对传统文化产业在土地、财税、价格和投资等方面的扶持、奖励力度，设立专项资金，合理安排年度预算计划，切实保障好传统文化建设的顺利进行。同时，加大对个体企业和其他社会组织投身传统文化建设的鼓励和支持力度，千方百计地筹措资金用以支持传统文化建设领域，加强传统文化政策的开发与创新建设，积极拓展传承体系建设。充分发挥政府职能，从宏观上引导，从微观上调节，利用一切手段和方法为传统文化建设铺路、搭建平台，加强国际合作，主动参与国际竞争，保护好弱势企业，防止受到过分的冲击，并为其建设良好的政策环境和氛围，从根本上创造有利于传统文化发展的宽松环境。

加强相关法律法规建设，尤其是配置完善的知识产权法以保障传承体系的建设。没有完善的法律体系和良性的法律秩序做支撑和保障，传统文化事业的发展将会成为无本之木，无源之水。因为强化传统文化领域的法律法规建设，通过强调奖惩可以引导文化市场主体的行为，促进其在进行传统文化生产和相关传统文化活动过程中的合理性与合法化，形成良好的秩序，减少传统文化领域内部或与外部的纠纷、摩擦甚至对立冲突，避免不正当竞争，规范市场行为，最终实现传统文化领域资源的合理配置。坚持改革开放政策，主动引进一批先进的世界优秀文化产品，同时积极引导文化企业要大胆地"走出去"，面向全球，在世界范围内进行广泛的文化交流与合作，增强不同文化之间的相互信任和理解，深化文化领域的合作。鼓励、支持有实力的文化企业和优秀文化品牌"走出去"，和国外文化品牌进行竞争，在"走出去"过程中增强中国文化企业和中国传统文化产品在国际市场的核心竞争力，增强我国传统文化的国际影响力。通过立法维护和保障我国传统文化免受外部过度冲击，从战略高度切实增强维护国家利益与安全的决心，树立忧患意识，进一步完善法律法规建设，从机制上对我国传统文化进行保护，自觉抵制来自西方资本主义世界不良文化的腐蚀和影响。在中华民族五千年的历史长河中，积累了深厚的文化底蕴，传承了丰富的物质和非物质文化遗产，饱含了中华民族伟大的智慧结晶，是我国古人留给后世子孙的宝贵精神财富，也是世界文化史的一颗璀璨明珠，时刻散发着耀眼的光彩。我们每个中国人都有权利和义务去爱护、保护我们的传统文化，使其免受侵蚀，永远地传承下去，让更多的人沐浴在中华优秀传统文化的阳光之中。这就需要我们建立完善的法律保障体系，这不仅是我国法治建设的内在要求，与依法治国一脉相承、息息相关，同时，也是促进我国传统文化产业发展，并为传统文化的健康发展提供保障的重要举措。

历史表明，世界各国的传统文化发展都离不开法律为其保驾护航，传统文化产业的立法既符合我国经济与社会的发展需求，也顺应了改革开放，实现了加入WTO时对国际社会的承诺，促进了相关知识产权的保护工作不断前进，这必将会提高我国文化在国际社会的竞争力。

2. 加强基层文化人才队伍建设

传统文化人才的培养和开发与传统文化产业发展相互影响、相互促进。把加强人才队伍建设作为重中之重，发展、壮大传统文化事业，需要大批的专业人才，紧紧围绕文化体制改革加大人才培养力度，完善人才培养体系，做好人才后期培训，把文化人才的培养纳入到传统文化建设的体系之中，并作为一项经常性工作来抓，牢固树立"人才资源是第一资源"的观念，加快人才引进和保障措施建设，合理规划、科学编制，积极引导具有高水平文化知识的人才走出城市、进入城乡、扎根基层、服务基层，树立服务基层、面向基层的价值观、世界观和人生观。党和政府应该把文化人才的开发作为重点来抓，着力培养一批有实力的文化企业家。同时完善人才培养工作和政策机制建设，为文化人才创造良好的培养和工作环境，不断壮大人才队伍，使传统文化创新和创造力得到最大限度的发挥。

加快传统文化产业发展创新，要紧紧依靠专业的文化人才，特别是具有全面综合素质的高端人才。国家必须要加强人才队伍建设，完善政策利益导向措施，面向社会、面向市场，树立传统文化创新离不开优秀文化建设人才的理念，狠抓落实，建成科学的选才、用才体系。

落实到实际工作中，就是既要坚持依托高等院校、科研院所对人才的培养，积极从高校引进高素质的专业人才，吸收一部分相关高校毕业生参与传统文化建设，汇聚传统文化建设领域，还要积极开展国际交流，引进视野开阔、懂得经营管理的国际型文化人才，开展竞争机制、竞争上岗，优化传统文化建设队伍，提高传统文化建设队伍的综合素质，加强人才储备和管理，激发人才的创造力和积极性。

要充分发挥人才的团队精神和作用，建立科学的机制。传统文化事业的发展、创新，是一个人才队伍与其个人共同努力的结果，是相辅相成、缺一不可的。在整个团队中，需要充分发挥个人的潜力，最后所有人形成合力，共同起作用。当然要发挥团队的整体作用，还要对关键的部门和个人进行科学的定位，安排合理的职务。人才队伍中管理者要起到引导和监督的作用，核心人员则起到相互协作和促进的作用。如果无法形成合力，则可能适得其反，人越多反而效果越差。这就需要各方面相互协调、相互帮助。首先，需要建立合理的人力资源开发和管理运行机制，拥有良好的组织能力，职责与岗位相匹配的工作体系，这是获得成功的必要条件之一。其次，要制定合理的激励机制，完善制约和约束机制，在科学绩效考评和评估的同时，给予人才相应的奖励，在规章制度的建立上，让不同惩罚措施成为制约机制的核心。总而言之，只有定位科学、激励得当、措施有力，才能使整个团队高效地运转。

同时，要加大对传统文化人才的开发、激活，需要从以下五个方面入手：第一是对人才开发的定位要准确、科学、合理；第二是完善人才选拔机制，什么样的人适合什么样的岗位，要心中有数、合理安排；第三是要有完善的工作绩效考核办法和评估机制，确保各司其职、各尽其责，约束相关人员的行为；第四是合理安排薪酬和劳动报酬管理办法，激发人才的工作积极性和热情；第五是要有科学的人才培养和开发体系，减少岗位与自身能力不相符的矛盾发生。

3. 鼓励各地开展地方特色文化事业

文化是地理环境、社会形态和生产方式等相互作用的产物，它的生成和发展无不带上地方特有的传统引证。文化积累越浓厚，地方特色越久、越鲜明、越独特。我国优秀的传统文化就是由各个民族、地方各具特色的文化组合而成，鼓励不同地方和民族开展特色文化活动是传承传统文化的重要内容和方式之一。

充分认识少数民族优秀文化对于整个中华优秀传统文化的重要作用和意义，是繁荣少数民族文化的思想前提。在建设少数民族传统文化的过程中，要时刻保持头脑清醒，要有强大的历史使命感和责任感，切实增强为少数民族地区服务的本领，贯彻和落实科学发展观，满足少数民族群众基本的文化权益和需要。把繁荣少数民族文化这个任务放到战略性高度，加强对各少数民族传统文化的进一步挖掘和保护，做好文物以及非物质文化遗产保护工作，做好文化典籍的整理和出版工作。同时要求我们实事求是，一切从实际出发，根据不同地区的不同情况，包括经济社会发展水平、民族风俗习惯等，因地制宜。完善少数民族地区传统文化保护的各项规章制度，实行特殊的优惠政策对少数民族地区进行照顾。进一步发掘不同地区特色传统文化的深刻内涵和宝贵价值，实现少数民族地区传统文化的不断繁荣和发展。为少数民族地区文化的发展添砖加瓦，最终实现党的民族政策和文化建设目标。近些年来，国家吸纳少数民族文化后出台了一系列优惠政策，颁布了一系列的法律法规，切实加强了对少数民族地区传统文化的保护工作，如 2003 年之后，非物质文化遗产保护工程稳步推进，先后有超过 1200 多个非物质文化遗产被列入国家非物质文化遗产名录，其中少数民族地区的项目就超过了 40%。2011 年之后，国家还先后批准成立了至少 5 个少数民族文化生态保护区，如我们熟知的热贡文化、云南大理文化都在其中。这充分表明了我国对少数民族传统文化的保护在不断加强，少数民族的传统文化越来越受到重视。

推动和加强农村传统文化建设，是全面贯彻落实科学发展观的重要内容，是保持农村和谐稳定的重要举措，更是弘扬中华优秀传统文化的重要内容之一。要把农村传统文化建设摆上重要议事日程，加强领导、加大投入、增强活力，健全制度，确保农村传统文化建设各项任务落到实处。这就要求我们：一是加快农村文化基础设施建设，实现县有两馆（文化馆和图书馆）、乡有一站（文化站）、村有一室（文化活动室）；二是加强农村文化队伍建设，建立健全农村文化管理队伍，建设一支高素质的专业文艺骨干队伍，扶持农村文化经纪人，出精品、出人才；三是大力开展农村各项文化活动，加强广播电视对农宣传，继续做好文化下乡工作，大力扶持农民自办文化活动，加强对传统文化改造提升；四是积极培育农村文化产业，尤其要鼓励和支持民间文化团体，繁荣农村民间文化市场；五是要加快城乡一体化发展联动机制建设。以城市带动农村，以工业促进农业，实现城乡优势互补，要进一步健全机制，拓宽渠道，推进各项农村文化活动开展的常态化建设。继续推进广播、电视、电影进农村、到全家，建立健全农村文化信息和网络覆盖，完善农村文化服务体系，提高服务质量，实现资源共享，在广大农村建设一批重点传统文化建设与推广的惠民工程，形成完善的城乡一体的传统文化服务体系。合理配置城乡文化资源，把传统文化发展繁荣的重心放在基层，优先安排基层传统文化建设项目，大力实施"公益文化建设工程"，开展传统文化"三下乡""进社区""送书送戏送电影下乡"等形式多样的传统文化活动。实现城市反哺农村，加大城市资金向农村补贴力度，使广大农村的老百姓也能享受到在城市里居住的待遇，享受到传统文化发展的成果。

（三）推进产业化的文化传承机制

法兰克福学派的阿多诺和霍克海默最早提出了文化产业化这一词语，1947年，他们出版的《启蒙的辩证法》[①]一书中首次出现了"文化革命"的概念。阿多诺和霍克海默认为，工厂利用现代化的科学技术，更加集约化、市场化和规模化地生产出大量的文化产品。这些文化产品通过各种渠道，尤其是大众传媒，比如广播、电视、报纸等途径进行传播，最终的传播对象就是文化产品的消费者。因此，文化产业化指的是将文化业的产品通过规模化、集约化和市场化的发展，产出符合大众需求的文化产品。

现代社会，科学技术迅猛发展，社会正在面临转型和变革的关键时期，人们的物质生活已经被满足，就更加追求文化精神的发展，因此，越来越多地出现了对文化产品的要求。传统文化在这种发展的机遇中既要不断前进，也要满足人民的文化需求，文化的产业化道路是必然的选择。要使文化产业得到高质量的发展，就一定要建立起现代文化产业的体系，加强创新的力度，变革生产的方式。

传统文化发展的根本动力在于改革创新，改革是促进传统文化建设不断前进的必由之路，创新则是文化发展的制胜之道。我们要抓住机遇，进一步探索文化改革的新思路，以改革盘活存量资源，以创新增强发展活力。同时要继续深化文化体制改革，推进国有文化单位改革，加快经营性文化单位向企业制的改革，正

[①] 马克斯·霍克海默，西奥多·阿多诺.启蒙辩证法[M].渠敬东，译.上海：上海人民出版社，2020.

确引导社会资本、非公有制文化企业以多种方式参与国有经营性文化单位的改制，促进文化生产要素和社会资源、力量向文化产业的聚集，促使传统文化产业不断壮大、做强，形成规模。

1.构建现代文化产业体系

发展传统文化产业，满足人民不断增长的精神文化需求是推进文化改革发展的重要抓手和重要途径之一。加快推进我国传统文化产业不断发展，应进一步结合现代科学技术，积极探索和创新传统文化产业的生产方式。各个地区之间应结合自身优势，从自身实际出发，科学合理地谋划、布局传统文化产业发展空间和发展潜力，寻找符合自身的传统文化发展体系和产业化道路。充分发挥市场的基础性作用，推动文化企业的改制与重组，使文化资源向具有一定优势的企业和领域内集中，并集中培育一批新文化企业，加快与科学技术结合的步伐，加快技术创新、掌握核心技术，尽快形成创新成果，丰富和发展一批优秀传统文化产品，注重提高传统文化产品的质量，使文化企业不断增强竞争力，参与国际竞争。

要不断寻找突破口，推动文化产业与其他相关产业的结合、创新，深化文化产业结构调整，推动文化与农业、工业以及服务业的横向发展，不断融合、衍生产业链条，提高文化产业所蕴含的附加值。重视打造高端传统文化品牌，树立品牌形象。充分发挥高校、科研机构的科研优势，健全传统文化技术创新体系，增强文化产业核心竞争力。加强传统文化创意与文化企业的结合。同时，将城市建设和农村建设与传统文化建设相结合，统筹发展、科学规划，提高城市和乡村建设的文化品位。促进资本向文化产业的聚集，促进传统文化事业的发展、壮大。

要把文化体制改革不断深化的梦想、传统文化大发展和大繁荣的梦想、文化强国的梦想嵌入中华民族伟大复兴中国梦的雄壮豪迈情怀之中。要在科学发展观的引领下，全面、深刻把握文化大发展、大繁荣对文化制度有效性的强烈要求和迫切愿望。要着力推进传统文化事业发展，切实保障公民基本文化权益，努力加大传统文化投入，逐步缩小城乡之间和地区之间在人才、资金和基础设施等方面的实际差距，扩大公共文化服务体系的规模、功能、运行有效性，在文化建设中强化资金、得到更多参与机遇和实惠,资源、人才配置因地制宜,分类实施,尤其要在农村宣传,让亿万人民能全面提高公民道德素质,形成社会风清气正与个人幸福快乐的日常生活秩序。要着力推进传统文化产业发展,鼓励不同经营主体和资本形态进入传统文化产业,强化文化企业法人治理结构、现代企业管理方式以及与科学技术高度融合基础上的创意研发能力,规范国内市场,在"走出去"过程中增强中国文化企业和中国传统文化产品在国际市场的核心竞争力,在满足不同消费人群的多元文化消费诉求中将文化产业打造成国民经济支柱性产业。要着力研究文化大发展、大繁荣的命题内涵和复杂逻辑关系,清醒地意识到文化大发展大繁荣不直接等同于发展传统文化事业或做强传统文化产业,因而也就必须清醒地意识到文化体制改革不是简单地将体制功能限制在对传统文化事业与文化产业的有效匹配上。在这个问题上,一定要有全局视野、精神高度、终极指向和长远目标,要上升到民族形象塑造、人类心灵净化、精神家园建构、价值尺度刻画和社会风尚培育的高度来审视文化发展的要义,要从文化理性、文化秩序、文化观念、文化心理、文化习俗、文化风尚等方面的现实社会状况来判断传统文化发展的实际水平,要用辩证的观点从形而上和形而下两个层面来评价我们的文化体制改革究竟取得了哪些进展,究竟还存在哪些盲区甚至误区。

改革不能满足于细节和表层的机制转换,而要追求制度安排有效性前提下的大胆制度创新,努力使创新形态的文化制度具有全面激活文化创造力的体制能力和体制活性。

2. 树立文化的品牌意识

文化是国家软实力的重要源泉,而软实力已经成为衡量一个国家综合国力的重要因素。而传统文化发展的根本动力在于改革和创新,传统文化创新就是要不断创立自主知识产权的文化品牌。当今的世界竞争日益激烈,全球化不断加深,我国的文化市场也不断地遭受着来自西方的侵蚀和冲击,唯一出路只有发展地创建中国自己的传统文化名牌产品,积极参与国际竞争,同时不断借鉴国外的先进文化内容、文化技术和先进的管理经验,学习西方传承传统文化的先进做法,深度开发我国特有的传统文化资源，利用我国地大物博、文化资源丰富的优势，加大传统文化创新投入力度，形成自己的文化品牌和特色，鼓励、支持有实力的文化企业和优秀文化品牌"走出去"，和国外文化品牌进行竞争，在"走出去"过程中增强中国文化企业和中国传统文化产品在国际市场的核心竞争力。

要适应人民群众对传统文化需求的新特点和审美情趣的新变化，不断推进传统文化内容形式的创新，推动不同艺术门类和传统文化活动相互融合，积极运用声、光、电等手段提高传统文化的表现力，实现题材体裁、风格流派和表现手法的多样化。要积极运用现代科技手段开发利用民族文化资源，改造传统文化产业，催生新的传统文化业态，大力发展传统文化创意、文化博览、动漫游戏、数字传输等新兴产业，加快构建传输快捷、覆盖广泛的传统文化传播体系。促进少数民族地区传统文化事业的不断繁荣发展，加大政策保障力度和相关资金投入，切实开展民族特色文化保护工作，同时要加强对少数民族文化经典的宣传。通过举办本地和民族特色的文化艺术节、开展特色旅游、举行传统节日庆典等文化活动和文化形式，例如，北京的"京剧"和各式各样的"庙会"，天津的"狗不理"、河南省的"武林风"和"梨园春"、云南省的"云南印象"系列、东北三省的"二人转"系列、陕北的"信天游"，以及福建省纪念妈祖活动等地方文化活动，都各具特色，形成各自文化品牌，是各自地区的名片，也是我们中华优秀传统文化的代表和真实写照。打造文化品牌，使我国的传统文化事业生生不息、代代相传。另外，我们还应吸收和借鉴西方文化和其他民族创造的优秀文化成果，加强与国外知名文化机构的合作，取其精华、去其糟粕，为我所用，并结合我国的传统文化创造出可以为世界人民所接受的优秀文化，形成自己具有地方特色的文化品牌，我国优秀传统文化传承机制研究让一批具有中国特色的文化产品走出国门、走向世界，拓展国际市场，丰富对外文化交流的手段和渠道，扩大中华优秀传统文化在全球的覆盖范围和世界影响力。

如果想要提升我国传统文化的知名度和影响力，更好地面向全世界，就必须创立我们自己的文化品牌，并且不断创新。另外，要将传统文化的产品和文化产业的层次提高，形成更加高质量的文化，这就需要将文化体制不断深化改革。基于现代先进的科学和信息技术，要将传统文化融入其中，调整产业结构，优化产业配置，让文化产业走向世界舞台，提高文化产品的内容和质量，并做好产业的管理，形成自主知识产权的文化品牌和文化产品。

文化品牌能不能经得住时代的考验和市场的洗礼是至关重要的。为了让我们的自主文化品牌经得住消费者和市场的选择，被世人所接受，就要不断创新传统文化，不能在创新的过程中走形式主义的错误道路，或者对文化产品进行恶意炒作和过度包装，要抵制这些不良的行为和习惯，不遗余力地发展创新的文化产品。

在传统文化的创新过程中不仅要吸收现有的成果，还要积极借鉴其他国家和民族的文化产业发展经验与有益成果，融合创新发展。我们可以看到，虽然我国的优秀文化资源十分丰富，但是却没有很好地利用起来，只有少数一些文化被文化企业和产业改造和创新，投入文化市场，因此，也可以说我国的优秀传统文化的资源开发和发展还有很大的空间。要确立正确的文化发展方向，包括文化创新的方向，促进文化产业的调整发展策略，不断利用自己的优秀传统文化形成有实力的自主品牌，并让这些优秀的传统文化自主品牌走向全世界。

（四）完善依托现代传媒技术的传播机制

文化的发展就是一个传播的过程，一个民族的文化影响力，取决于其包含的思想内容和其所具备的传播能力。文化传播能力越强大，其文化覆盖的范围就越宽广，他们的思想文化和价值观念就能在全世界范围内得到广泛的传播，也就必然更有力地影响这个世界。要构建和发展现代传媒体系，提高传播能力，这是弘扬中华优秀传统文化的重要手段和必由之路，关系到优秀传统文化传承的成败。建立健全现代化的传统文化传播体系，形成覆盖范围广、传播技术发达的现代化的传播机制，这是提高我国优秀传统文化在世界上的影响力的重要举措和必然出路，所以就要求我们加强对相关报刊、出版社以及广播电台和电视台的管理，深化传统文化传播媒体的机制改革和创新，加强国际传播能力建设，打造国际一流媒体。近年来，我国文化宣传部门大力加强了传播能力建设，统筹报刊、通讯社、广播电视，以及互联网和出版社等多种媒体，统筹有线、无线、卫星等技术手段，加快建设现代化文化传播体系的步伐，积极拓宽文化信息传播渠道，丰富传播手段，成立专业的传播队伍，汇聚专业文化传播人才，凝聚力量为传统文化的传播贡献力量。但是，由于我国目前正处于经济社会飞速发展时期，人民群众的文化、精神需求在不断增长，与此相比我们的传播体系还略显单薄，传播技术和传播能力与世界先进国家还有一定差距。在今后的工作中，我们要努力发展具有高科技含量的传播技术，使其与我国经济社会的发展相适应，与人民群众的需要相适应。这项工作任重道远，需要付出相当多的智慧和汗水。

1. 构建现代传播体系

第一，加快构建现代传播体系，是适应我国经济社会发展和国际地位变化的迫切需要。随着我国综合国力增强，中国在世界上的地位、发展对世界的影响更加凸显，国际社会对中国的关注度不断提升。世界上许多国家与我国合作的愿望在不断增强，对中国的信息需求也在迅速倍增。这就必然要求我们要加快传播能力体系的建设，加快形成与我国经济社会发展水平和国际地位相适应的传播能力和传播技术，增强向世界推销中国、客观评价、介绍中国的能力，满足国际社会对来自中国信息的多样化和多层次的需求，引导世界各国客观地、理性地看待中国的发展和中国在国际事务中的作用，同时营造有利的国际环境，向世界展现现代化的中国文明、民主、开放、进步的形象。

第二，加快推进现代化的传播体系建设，是提高中华文化辐射力和影响力的迫切需要。一个民族的文化影响力，取决于其包含的思想内容和其所具备的传播能力。一个国家或民族的文化传播能力越强大，其文化覆盖的范围就越宽广，其思想文化和价值观念就能在全世界的范围内得到广泛的传播，也就必然更有力地影响这个世界。我们在加深不同国家和文化之间的相互沟通、相互理解方面还有很多工作要做。这就要求我们加强传播能力建设，加快我国的文化传播方式和传播手段向数字化转型，提高文化传播的科技含量，利用现代科学技术和手段提高文化产品生产和传播效率，增强中华传统文化的吸引力和影响力，更好地推动中华传统文化走出国门，走向世界。

第三章　中华优秀传统文化的传承

第三，在应对全球化挑战的过程中要建立起完善的现代化文化传播的体系，这样我们才能从容应对千变万化的国际传播体系。现代社会，科学技术不断发展，连带着传播技术也在不断更新，传播已经走向了全球化。如果我们想要在激烈的国际竞争中取得一定的地位，更加具有竞争力，就一定要将传播体系进行完善，将传播机制和科学技术相结合，将我们的传播空间不断扩展，这样在国际竞争中才能占据主动地位，让传播的资源合理配置，得到最大化的效益。传播的全球化是一种不可阻挡的发展趋势，是任何媒体都无法回避的，如果媒体不能及时融入国际传播体系，也就没有实力同其他国家和地区相抗衡，也就放弃了国际舆论竞争。我们在面对国际传播发展的新形势、新局面和新挑战时，一定要以积极的态度适应起来，将自己的视野扩展到国际范围，让国内的传播工作和国际的传播事业统筹协调发展，用全球化的视野建立起具有重大国际影响力的国际顶尖媒体行业，要将传播的信息质量提升起来，并将中华优秀传统文化利用这些媒体传播到世界各地，宣传我们的文化。

构建现代化的文化传播机制，就必须拓宽传统文化传播的手段和渠道，利用好现代化的科学技术，打造综合性的传播平台。随着时代的发展，科学技术的不断进步和高科技产品的持续更新，互联网的发展进入到一个新的阶段，深刻地改变了人们的日常生产和生活方式，丰富和拓展了文化传播的手段和技术，文化传播渠道也不断拓展、延伸，如博客、微博、QQ空间和手机简报等传播载体不断涌现。面对这种局面，我们必须要改变思想观念，主动迎合时代发展的潮流和方向，抓住历史机遇，整合现有的资源，积极响应网络、多媒体以及多渠道、多方式文化传播的新要求，充分发挥网络信息建设在传统文化传播和传统文化建设中的重要作用，实现电视、网络，甚至手机的互相连通，以便传统文化传播的有序进行。

此外，大力发展文化出版业、广播影视和形式多样的文化艺术，加大对大型公共文化工程的投入，着力增加文化项目建设投入在财政投入中所占的比重，构建完善文化服务体系。党报党刊、通讯社、电台、电视台和重要出版社建设，是党的新闻宣传事业的主阵地、主力军，必须作为构建现代传播体系的重点。利用好高科技载体，科技与传播历来紧密相连，现代高新技术在传播方面的巨大潜能和可能产生的影响是不可估量的，谁占有先进科学技术，谁就占有传播的制高点。因此，要站在科技发展的最前沿，丰富和拓展文化传播的手段和渠道建设，使我国的传播体系建设不断迈向传输快捷化、覆盖广泛化、影响深远化，使传统文化的传播更加广泛和深入人心，让人们随时随地可以用各种方式接收到传统文化教育和影响。

2. 加大社会舆论宣传力度

思想空气和舆论环境是第一软环境。面对市场经济日益发展和信息技术广泛应用的新形势，我们必须更加重视正确的舆论导向，切实提高舆论引导能力。加大文化宣传力度，面向社会、面向大众，不断提高正面宣传的能力。要通过新闻媒体和社会舆论，加强宣传建设服务平台，引领健康的文化生活和文化潮流网等新兴媒体的应用和管理，提高网络文化产业，扩大文化影响力，完善文化建设，高度重视网络文化产品服务和供给能力。同时要切实加强网络舆情监测、分析和判断，及时发布权威信息，主动引导网上舆论在关键时刻有话说，在重大问题上有所作为，牢牢掌握话语权和主动权。

要加大文化的宣传，就必须深入基层，面向大众，加大群众基础。推进文化惠民工程，必须切实保障群众的基本文化需求和权益。在此基础上，我们要进一步加大工作力度和资金投入，提高服务质量和标准，改变工作方式和管理模式，鼓励和支持广大群众开展各式各样的文化活动，使广大农村地区和其他基层文化阵地范围不断发展壮大，充满生机与活力。要进一步健全机制，拓宽渠道，推进各项农村文化活动开展的经常化、固定化。继续推进广播、电视、电影进农村、到全家，建立健全农村文化信息和网络覆盖，完善农村文化服务体系，提高服务质量，实现资源共享，在广大农村建设一批重点文化建设与推广的惠民工程，形成完善的城乡一体的文化服务体系。合理配置城乡文化资源，把文化发展繁荣的重心放在基层，优先安排基层文化建设项目，大力实施"公益文化建设工程"，开展文化"三下乡""进社区""送书送戏送电影下乡"等形式多样的文化活动。大力宣传全国各地优秀的、具有特色的传统民俗文化和传统民族节日，如北京春节期间组织的各种庙会活动，西双版纳的泼水节，福建省纪念妈祖的仪式活动，蒙古族的那达慕大会等各式各样的群众性文化活动和节日，都需要通过电视、广播、电影、报纸、杂志、互联网等媒体，不断深化宣传，增强民族特色文化和传统文化在人民群众中的传播，夯实群众基础。

要促进我国文化传播机制的建设，并将建设完整的文化传播体系作为一个重要的课题。我国传统文化的传承在传播体系的建设方面也是一项艰巨的任务。在今后传统文化的传播工作中，要确保新闻媒体的舆论导向是正面的，并且具有科学性，要将全国的各族人民鼓舞和团结起来，共同宣传正向的传统文化。另外，还需要在制度上保障文化传播能力的提升，做到合理规划、科学管理、统一分配、统筹发展，形成科学统筹的工作机制，加强工作的效率。大力建设新闻媒体，使其借助现代的技术向着科技化和数字化转型，成为更加成熟、壮大的媒体，让文化的传播体系扩大覆盖面。

加大对新兴传播载体发展的支持，促进主流媒体舆论引导的立体化、科学化，进一步提高我国文化传播的影响力和竞争力；必须要不断提升文化传播内容的品质，加强社会主义核心价值体系建设，积极培育和践行社会主义核心价值观与弘扬中华优秀传统文化结合起来，这样传播才有穿透力；注重传播人才队伍的建设，构建和发展现代传媒体系、提高传播能力，队伍是基础，人才是关键。争取文化建设人才队伍的规模化、合理化，培养一批具有高素质、高品德、懂技术、能创新的顶尖人才，使他们成为掌握现代高新技术和现代化管理理念的综合型、专门型人才，成就一批适应现代文化发展和全球化需要并有国际影响力的文化代表和专家；发展健康的网络环境和氛围，是现代化传播体系的重要内容。我们要切实加大管理力度，对网络给予合理的、正确的引导，加大传统文化新闻性网站的建设，在网络上普及传统文化知识和唱响传统文化的主旋律，提高传统文化产品在网络上的创新能力和持续不断的供给能力。发展网络新技术，占领网络信息传播制高点。规范网上信息传播的秩序，抵制网络谣言和网络"三俗"，自觉培育文明理性的网络环境。

中华传统文化是中华民族薪火相传、继往开来的强大精神动力。运用多种方式面向大众宣传、普及优秀传统文化，是弘扬中华优秀传统文化的基础性工作。以马克思主义为指导，不断创新我国传统文化的传承机制，向其注入新的时代精神和新的元素，增强其生命力、感召力和吸引力，是中国特色社会主义文化建设的重要内容。在社会主义市场经济条件下的今天，创新传统文化传承机制的关键是建立政府主导下的政策导向机制，并通过文化体制改革，大力发展文化产业，构建现代文化产业体系，创新文化产业生产方式，同时依靠现代化的传播体系，不断把我国文化建设推向新高潮，使中国传统文化不断发展、创新，并走向全世界。

第二节　中华优秀传统文化传承与发展的关系定位

一、坚持科学评价

科学的评价是继承和创新传统文化的重要途径。每当社会在进步的时候，必然存在着对传统文化的反思，要想加大社会进步的步伐，就更要加强反思的力度。中国传统文化的变革，始终都是近现代中国人文学术研究的重要课题，它在社会变革和社会革命的过程中发挥着重要的力量。

无论哪一个国家和民族的文化发展要走向现代化，都需要在人类文明的共同成果之上发展，中国特色社会主义先进文化的建设需要将眼光拓宽，以开阔的胸襟来借鉴和吸收一切文明的优秀成果。但是，中华传统文化要走上现代化的道路不能走极端化的路线，盲目推崇西方文化、将自己的民族文化全盘否定或者将西方文化完全排除出去，只发展自己的文化明显都是极端的做法，并不能促进中华传统文化真正走向现代化。要建设社会主义先进文化就要将传统文化当作母体文化，然后对其批判性继承，并且不断创新发展，然后再去吸收和借鉴西方的优秀文化，在中国特色社会主义的理论指导下，将优秀的传统文化的现代化作为主体目标，形成社会主义新型文化。

（一）中华传统文化是民族的

中国传统文化作为社会历史范畴，体现了中华民族文化自身发展的特殊性，代表着几千年来中华民族文化思想和实践的积淀，反映了中华民族的民族性格、生活准则、生存智慧、处世方略，表现出中华民族的民族精神和文化类型。传统文化是中华民族屹立于世界民族和文化之林的依据，是使中华民族历经磨难而生生不息的源泉，从根本上讲，传统文化作为价值系统，只要该民族存在，就不可能消失，如果不存在，也就丧失了民族自立的根基。

（二）中华传统文化是时代的

人类社会从形成以来，其发展就体现了过程性，过程性也就代表了人类文化也具有转变的适应性，即使每个国家和地区的文化都有差异，但是其适应性是相同的。几千年来，中华文化的发展始终是一个从源到流的过程，并且在向着现代化的方向进行演化。其实，所有的现代文明，包括精神方面的文明一般都具有超越时空的价值和意义。我们可以从那些已经实现了现代化建设的国家中借鉴经验，这些国家对传统文化的发展始终将其文化的现代化价值不遗余力地进行挖掘。中华传统文化经过千年的发展本身就具有很强的开放性和自我批判性，可以自我更新，在这么长的历史洪流中，中华传统文化必然遭遇了十分多的冲击和挑战，比如古代来自佛教、基督教和伊斯兰教等外来文化的冲击，以及在近代遭受西方文化的狂飙震撼，但是中华传统文化始终以自己独特的面貌感染并影响着人类文明。

（三）中华传统文化是历史的

对传统文化的考察不能单纯的从某个角度进行，一定要将其放置在一定的时空象限中。因为传统文化的形成离不开当时的政治、经济以及社会制度等背景。从历史的角度来看，中华传统文化属于自给自足的自然经济，是典型的农业文明文化；从经济基础角度来看，中华传统文化建立在封建私有制的基础上；从上层建筑的角度看，中华传统文化更加注重伦理和政治的功能，这是因为我国古代实行的是封建等级制度，尊卑分明。因此，中华传统文化在我国的近现代化历程中，既促进其发展，展现出积极的一面，又阻碍了现代化的进程，展现出其历史局限性。

中华传统文化是民族的，因此必须促进其不断继承和发扬；中华传统文化是时代的，所以在时代的发展下也在不断进化；中华传统文化是历史的，所以在传承和发展的过程中必须批判和创新统一。

现代的文化研究越来越深入，对传统文化的反思也在不断加深，这就使得现代人们不再对传统文化持简单的否定态度，也不再进行激进的批判，很多人都认识到了原有的传统文化是任何新的文化的基础，是对文化的创新也包括对传统文化的创新。经过无数的历史经验我们知道，传统文化将一直是我们必须依赖的精神纽带，无论我们是否在主观上否定它。中华传统文化随着几千年的发展和沉淀，已经成为中华民族的民族性格和精神脊梁。

二、坚持科学理论指导

近代以来，国人在传统文化的继承方面进行了艰苦卓绝的努力，取得了重大进展和成就。20世纪以来我国文化建设的一大景观，就是运用西方近现代的某种思想理论对中国传统文化实施解构、整合或重构。在这一过程中，提出了"思想的根本精神""民族精神之潜力""抽象理论最高之学"等观点，构建了"新儒学""新心学"等理论体系，这对于中国传统文化的继承、推动传统文化的现代化和现实社会的文化建设都发挥了重要而积极的作用。但是，必须看到，他们所援引和依据的一般是近现代资产阶级的某一种思想理论。无论哪一种理论，尽管都具有某种程度的真理性和科学性，但整体上都是非科学的理论。因而，在这些思想理论指导下，研究中华民族传统文化继承问题，虽然不乏真知灼见，并在一定程度上促进了传统文化的再生和转化，但是都没有从根本上解决问题。

马克思主义传入中国以后，中国文化发生了革命性的变革，传统文化的传承才走上了适合中国的创新之路。马克思主义与中国具体实践相结合，证明了用科学理论指导实践和在实践中丰富并发展科学理论的重要性及不可分性，揭示了只有运用马克思主义科学理论分析中国传统文化，并从中汲取营养，使马克思主义获得民族形式，才能与社会实践一起在更完整的意义上丰富马克思主义，实现马克思主义的中国化。不仅如此，还揭示了只有坚持不断发展和以马克思主义理论为指导，才能对中国传统文化进行科学的甄别、选择、更新和转化，从而使之真正实现现代化。从毛泽东思想到邓小平理论、"三个代表"重要思想，中国共产党人一直高举马克思主义综合创新的文化大旗，以开放的态度和博大的胸襟，广泛地吸收和借鉴中华民族传统文化和西方现代化先行国家的正反历史经验，并在借鉴之中发展，在继承之中创造，在转换之中升华，使中国传统文化走上了现代复兴之道，生生不息之道，后来居上之道。

三、坚持辩证地批判继承

实现中国传统文化的现代化，必须坚持唯物辩证法。继承传统文化，应是辩证法的批判继承，而不是形而上学的抽象继承。借鉴、继承中国传统文化不是原封不动地拿过来，而是要经过咀嚼、消化，经过由此及彼、由表及里、去粗取精、去伪存真的具体分析过程，吸收有益的营养，排泄无用的糟粕，在批判中继承，在继承中发扬，在发扬中创新，在创新中获得新生。

言而总之，文化的发展史是一个由简到繁、由粗朴到精致、由不够完美到逐渐完美的过程，这是一个前后不断继承发展的过程。在推动中华崛起的今天，要处理好传统文化的继承与发展关系：坚持没有继承就没有发展，没有发展就无所谓继承，二者相辅相成的思想，即在继承优秀文化传统的基础上，根据当下的文化建设的需要，对传统文化进行革新和创造，使传统文化与现实交融汇合。

四、坚持在传承中创新

很多人可能都知道，夹竹桃是一种有毒的植物，一般出现在南方地区，会在铁路的两旁种植夹竹桃，总体来说在我国境内对夹竹桃的应用比较少，但是在一些欧洲的国家夹竹桃的应用率却比较高。在意大利，进入6月份，不管是在国家的南方还是北部都会观赏到开在公路两边或者街头绿化区域的夹竹桃。种植在公路两边的夹竹桃整体呈球状，这是因为它们都经过了矮化和修剪处理，呈现出花团锦簇的景象。那些在街头的绿地或者在园林中种植的夹竹桃呈现灌木的形状。甚至有一些居民会在自己家里种植夹竹桃。可以看出，意大利人对夹竹桃非常喜爱。

人们就会对意大利对夹竹桃的喜爱产生疑问，为什么明知道夹竹桃有毒还要种植？夹竹桃在意大利的大面积种植还要追溯到文艺复兴时期，那时候意大利的园林景观中就种植了大量的夹竹桃，这个习惯延续到了现在。夹竹桃虽然有毒，但是它本身也是有益处的，可以吸附有毒物质，起到净化空气的作用，只要人们不要误食就没问题。从中我们可以看出意大利人对夹竹桃有着很深的感情，这其实也是对夹竹桃文化的认同和传承，这种文化也在不断地传承和创新。

我国的"非遗"文化有很多，比如，传统的插花艺术、英石假山盆景技艺、扬派、徽派、洛阳牡丹花会等，这些"非遗"的传统都是我们需要保护的文化。传统文化的申遗成功也是保护和传承这些文化的良好开始。时任文化部副部长王文章在国务院新闻办公室召开的新闻发布会上介绍说，在"保护为主、抢救第一、合理利用、传承发展"的保护方针指导下，我国已经将非物质文化遗产的保护体系建立起来，并且这一体系也是符合我国国情的。截止到现在，我国在非物质文化遗产的保护工作上已经累计投入了17.89亿元。花卉类"非遗"保护项目和其他的保护项目一样，在传承上完成了很多工作。在2005年的时候，扬州就已经建立了扬派盆景博物馆，帮助杨派盆景艺术更好的宣传和发展，博物馆也成为扬派盆景艺术的专题游览胜地，促进了这项传统文化的保护和传承；中国插花花艺协会、北京插花艺术研究会在每年都会大力宣传保护传统插花艺术，并且也已经开始筹建传统插花艺术博物馆。

我们应该明白，保护只是一种手段，要想更好地传承优秀传统文化，应该对其加以甄别和筛选，选择优秀的、适合时代发展的传统文化，在继承的基础上不断创新，才是我们真正保护的目的。对传统的插花、盆景等技艺来说，要让这些传统的技艺在今天重新焕发生命力，就需要技艺传承人对市场的需求有一定的正确把握，保留传统技艺的特点，然后在此基础上根据时代的发展和审美的变化，在传承的各方面创新，包括工具、技法、题材、风格等，让创新出来的传统技艺能够被现代人所接受、喜爱，并且还要产出一定的经济效益，因为只有有了经济基础，传统技艺才能继续创新发展。比如说对洛阳牡丹节等类似的节会，要想使得节会举办得更有意义，就要在传统节会的性质和目的的基础上创新举办的形式、会展的内容、服务的手段等，使节会产生社会效益和经济效益，这样才是达到了节会的目的，使其长久地发展下去。

第三节　中华优秀传统文化传承与发展的原则

一、融会贯通原则

不管文化的发源多么久远，它的枝繁叶茂是靠现实的土壤来培养的。因此，在对待传统文化的继承与发展方面一定要立足现在、回望历史，坚持传统与现代的融会贯通。

继承中华传统文化，必须立足于有利于中华文化的繁荣和发展，有利于推动中华文化和整个中华的现代化。文化继承固然离不开历史，但更重要的还是依赖于社会实践，传统文化能否得到传承和如何传承，必须依其能否在社会实践中实际发生作用以及如何发生作用来确定，继承传统文化是手段，建设具有时代特色的先进文化是目的，凡是与现实相脱节的传统文化，在其历史发展中终归难以传承下去。因此，在传统文化的继承问题上，我们必须确立传统文化的主体性原则，以我为主、为我所用、为现实所用。继承、选择的目的和标准，都是为了满足主体的需要。按照自身的需要，对中国今天的现代化建设有用的、有利的就继承，有害的就不继承。进行中华传统文化创新要从现实需要出发，通过对传统文化中积极的形式和内容的系统转换，寻求其中的理论资源、民族智慧、经验教训，为解决中华崛起中的重要社会问题，提供思想方法、历史借鉴。中华民族的传统既有现实的根据，又有历史的渊源；既符合人类历史发展的趋势和时代潮流，又有中华民族自己的特色；既符合中国人民的根本利益，又有利于世界的和平、稳定、繁荣与进步。改革开放，正是中华民族自强不息和变革创新精神在当代的集中体现和创造性的发展。同理，我们要把经过各种外来理论洗礼的优秀中华传统文化，作为中华文化的重要组成部分，使之变成人们的价值观念、社会意识和文化精神。

二、大众化原则

民众是传统文化传承的主力军，因此传承文化要依靠民众，让民众日常生活成为传统文化生存的基本寓所，使传统文化从"王谢堂前"的精英文化走向"寻常巷陌"的大众化文化，同时让传统文化成为民众文化构成要素，并且引导和左右着人们的行为。

大众化是当前继承传统文化的有效途径，或许有人会说这是废话，传承优秀传统文化不就是要增加大众对传统的认知吗？可现实在许多时候保护传统是脱离大众的。脱离大众、脱离现实生活的传统文化继承与发展是极其错误的，它抹杀了传统文化的实用价值。

传承传统文化是当前人们的精神需要，是文化归属感和家园感的必需，不是几个学者责任心的展示，这是很重要的转向。因此，我们应该多发掘传统文化中的现实价值。

我们这个时代，文化不断向着社会生活全面渗透，因此，将来的文化发展方向必然是大众化的方向，因为只有扎根于人民群众，发展大众文化才能让传统文化焕发生机和活力。比如说，佛教为什么可以在我国扎根并发展壮大，一直传承到了今天，究其原因有两个方面：一个是佛教在中国的发展中逐渐中国化，另一个是佛教在发展中始终贴近人生、贴近世间，和我们的日常生活关系密切。如果佛教没有这些发展特征，远离人间，那么这会是一个没有生命力的宗教，不会有好的发展。对优秀传统文化的发展和继承就是让文化成为普通人的人生观和价值观。传统文化要成为生活中的文化、大众的文化，不能高高在上。要让传统文化成为"生活化"和"大众化"的读本，然后不断创新发展。中华传统文化的传承向着大众化发展的方向主要包含以下几点内涵：

一是文化内容常识化。文化内容的常识化，正如科学的常识化，是以理论或科学去变革和更新常识。具体地说，主要是以理论的或科学的世界图景、思维方式和价值规范去变革和更新常识的世界图景、思维方式和价值规范，也就是使理论和科学成为人们普遍认同的和普遍遵循的常识。在现代社会中，非常识的常识化对于人和社会的现代化的同步发展，对于实现人自身的全面发展，具有最基础性的和最普遍性的规范、协调和支撑的重大历史作用。而特别是对建设文化强省的宏伟蓝图而言，文化内容的常识化就显得尤为重要。这就需要在中华传统文化传承过程中的表述方式上必须摒弃过于烦琐的逻辑论证，而是必须贴近大众的现实生活，把传统文化的具体内涵同我省的具体实际结合起来，并将之转化为民众价值观念、思维方式和行为方式。只有这样，传统文化才能真正实现大众化。

二是与公众实践相结合。前文说过，实践是传统文化得以传承的优良品质，也只有与不断解决人类的实际问题相结合，传统文化的内涵才能不断地更新。换言之，就是要与公众自身的日常实践结合起来，即必须考虑民众生动的实际生活，必须考虑现实，使传统文化真正走进民众的日常生活。

三是走进日常话语。这主要是指传统文化的继承与发展过程中要采用老百姓通俗易懂的语言。这就要求传统文化在话语表现方面要实现以下的转变：第一，由经典化向通俗化转变。对传统文化的继承和发展，在话语表达上应该使之具有通俗化的表达形式。第二，由抽象的理论向具体化的生活世界转变，用传统文化精髓实现对大众文化的整合和引领作用。这就要求我们在传统文化的传播过程中必须向具体的现实生活世界回归，即应该从一般的原理层面的研究转向对当下中国人生活世界存在的问题及其解决办法的理论思考，使传统文化成为民众的主导性文化。

四是走进日常意义。所谓日常意义，主要是指传统文化对大众个人日常生活所具有的意义。以前我们对传统文化的传承意义的宣传，往往将其置于很高的位置，抽象地描述其所具有的意义，对大多数民众来说，与他们有很大的距离，或者说他们中有的根本难以理解，这对传统文化的继承与发展是不利的。要解决这个问题，就必须使民众知晓传统文化对其具有的日常意义，使民众理解传统文化的继承与发展对个人幸福生活所具有的意义。只有这样，传统文化才能为大多数人所接受，才具有更多的生机和活力。

三、超越性原则

在继承传统文化中注入新的时代内容，通过内在创造性的转化而生出支撑时代文明的新文化。文化发展有其连续性和非连续性，连续性是一个国家、民族文化得以延续、发展的保证；非连续性则是跃迁、提升的重要环节。只承认连续性，就会忽视现代化所要求的文化与传统文化的重大差异，相反，只承认非连续性，又会陷入文化虚无主义的困境。中华传统文化的发展是连续性和非连续性的统一，二者的统一就要求我们在传统文化传承上必须坚持继承和超越的统一。文化的发展无疑是以继承为主线的，但是，如果仅仅继承，没有超越，民族传统文化就只能在原有的水平上踏步不前，就不能适应变化了的条件在新的起点上得到继承。历史证明，文化的成功继承，总是与超越紧紧地联系在一起的。真正的继承必然是有所超越。今天，在世界多极化、经济全球化的曲折发展中，各种思想文化必然相互激荡和相互影响，中华传统文化要与中华现代化建设实现对接。进而走向世界，必须在继承的基础上实行超越，要对优秀的东西予以弘扬和对消极的因素进行清理，既不能让优秀的丢掉，也不能让腐朽的东西在社会上流行。继承和超越是辩证的整体性思维，继承不是最终目的，必须实现超越，超出历史的圈子，实现历史的跨越，让优秀的思想有所创新、有所发展、有所突破，从而形成服务于现实社会实践的新文化。

中华优秀传统文化具有丰富的内涵，博大精深，璀璨光芒，不可否认的是虽然有一些文化可能和现代的发展不相适应，出现了历史局限性和滞后性，但是我们也应该看到中华优秀传统文化的主要部分和内核是优秀的、合理的、有着发展的时代性的。对优秀传统文化的传承和发展需要我们坚持马克思主义批判的精神，要根据社会主义发展的需要，利用社会主义精神，科学梳理优秀传统文化，用现代的精神和语言去诠释传统文化，必要时要对其落后的部分进行改造，这样才能早日找到传统文化和现代社会接轨的契合点。在优秀的传统文化的历史依托上建设社会主义思想道德，让优秀的传统文化向着民族化、大众化、科学化发展，形成人民喜闻乐见的具体文化形式，为我国的建设形成良好的舆论环境，形成良好的道德条件，帮助中华民族形成源源不断的文化资源和精神营养。

第四章　中华优秀传统文化传承与发展的问题和对策

本章主要论述中华优秀传统文化传承与发展的问题和对策,分别从两个方面展开,即中华优秀传统文化传承与发展的现实背景、中华优秀传统文化传承与发展的主要对策。

第一节 中华优秀传统文化传承与发展的现实背景

一、中华民族伟大复兴的内在要求

(一) 文化软实力的表现

数千年前起，我国就被誉为"礼仪之邦"。对于世界而言，中国文化不仅具有强大的影响力，且所产生的影响是深刻而长远的，并非一朝一夕、一时一刻，而是络绎不绝。很多国家的文化便以中国文化为之起源。在中国文化中，内部动能颇为强大，能够将动力源源不断地提供给国家，为国之复兴提供不竭之力。同时，对于文化而言，"国家复兴"也是其发展的客观要求。

英国学者曾经指出，从本质来看，中国属于文明国家，且有着悠久历史，孕育出身份认同感。尽管世界上有西方文明、东方文明等多种文明，然而文明国家却只有一个，那便是中国。

从上述表述中我们不难看出，中国不仅有着自身独特的中华文化，更属于文明型国家，而文明型国家亦有力地证明了中华文化、中国精神，直接地体现出"大国文明"。

文化兴盛为一个民族的强盛、一个国家的繁荣提供支撑，这是毋庸置疑的。因此，中华文化的繁荣发展，也是实现中华民族伟大复兴的必要条件。从古至今，我国已然经历数千年岁月，有着源远流长的历史、无比深厚的文化底蕴。每一名中华儿女都因中国所具有的深厚文化底蕴以及悠久历史而深感自豪，其他国家也对此予以肯定和认同。所以，中华民族绝不能一味对西方国家的发展模式进行学习，依葫芦画瓢、照猫画虎，应当走出自己的道路，立足中国实际情况，并结合优秀传统文化，对中华传统文化进行传承与保护。

优秀传统文化是中国崛起的不竭动力，如同江河汇入大海一般，源源不断。我们要注意，不仅要对外来文化进行科学的、有选择地吸收，还要保证不迷失方向，坚持取长补短，致力于对优秀传统文化的弘扬，实现其国内国民教育之功能，发挥其国外世界大同之作用。

那么，究竟何为"中华优秀传统文化"呢？中华民族历经数千年，沉淀、提取、升华得到的特征文化基因，便是中华优秀传统文化，它已然融入每一名中华儿女的血液之中，是强有力的精神支柱，为中华民族共享。

无论是对中国发展还是中华民族繁荣来说，中华优秀传统文化都是基础与前提条件。对国家和民族而言，中华优秀传统文化则是其灵魂所在。除此之外，中华优秀传统文化也是得到世界认同的文明。"继承"与"发展"是文明发展过程中最为重要的内容，我们必须认识到，"继承"不应是盲目的、全盘收纳的，而应当是有选择的、科学的；"发展"必须做到创新创造，但也要记得不忘初心。总而言之，国家软实力正以"中华文明"为体现，中华文明也是民族价值观、凝聚力的主要构架，是传承历史、创新突破、与时俱进的强大支撑。

在世界文化格局中，我国有着怎样的定位，很大程度上取决于国家文化软实力的提升。除此之外，国家文化软实力的提升密切关联着中华民族伟大复兴的中国梦的实现，密切关联着"两个一百年"奋斗目标的实现，也密切关联着我国国际影响力与国际地位。

具体而言，在现代化的进程中，我们逐步实现中华民族的复兴，然而，现代化进程并非遍地鲜花、一帆风顺，而是充满荆棘和坎坷的。想要迎难而上，踏过荆棘丛生的道路，迈过一道道坎坷险阻，我们就要对一种强大的推动力进行依靠——社会主义核心价值以及中华民族艰苦奋斗之民族精神。

因此，想要实现中华民族的复兴，第一步要做的就是振奋民族精神、复兴文化，将强大力量从优秀传统文化中汲取而出，实现国民精神之提振、国民素质之提升。我们应当认识到，千里之行始于足下，迈出的第一步是一切的基础与前提，因而也是最为重要的。在世界舞台上，如果中国想要成为"重量级国家"，不仅要大幅提升自身经济实力，更要具有强大的文化实力，拥有璀璨的民族文化，令全世界人民瞩目。中华优秀传统文化复兴是中华民族伟大复兴的不竭动力，反之亦然，中华民族伟大复兴也是中华优秀传统文化复兴的坚实支撑，唯有如此，我国才能成为真正的世界强国，才能被其他国家认可、尊重。

（二）文化自信的基础

中华民族创造的文化篇章是绚烂夺目的，"古"为中华民族文化之源，"今"为中华民族文化之成就，因而，中华儿女具有的文化自信是颇为强大的。

对中国特色社会主义道路自信、理论自信、制度自信之坚持，归根结底就是要坚定文化自信。文化自信凝聚着强大力量，这种力量是更持久、更深沉、更基本的。无论历史还是现实都证明着同样的道理，倘若一个民族对自己的历史文化背叛或抛弃，非但无法实现发展，甚至会酿成历史悲剧。对于中华民族而言，文化自信是其伟大复兴得以真正实现的根基，同时也是"两个一百年"奋斗目标得以真正实现的重要基础。

中华人民共和国成立以来，不断提升的人民生活水平、日益富强的国家以及世界予以的认同，都让每一名中华儿女拥有更多的文化自信，而这也成为中华民族伟大复兴的前提与基础。"文化自觉"由费孝通先生提出，其认为，所谓文化自觉，首先，要对本民族文化予以明确认识，辨别何为精华、何为糟粕，并做到去除糟粕、汲取精华，伴随文化之发展不断摒弃、淘汰那些粗劣部分；其次，还要不断认知外民族文化，避免落入故步自封之中，要有对外来文化进行接纳的勇气，对外来文化进行全面而深入的了解；最后，坚持"取长补短"，要基于对本民族优秀文化的弘扬，对外来文化之精髓予以借鉴与吸收，从而滋养本民族文化，使之发展得更加健康、更为科学。

归根结底，全民族普遍认可、赞同的核心价值观就是"文化自信"。无论是党的十八大提出的"积极培育和践行社会主义核心价值观"，还是十九大提出的"把社会主义核心价值观融入社会发展各方面"，都应当逐步实现文化建设之完善，不能被动等待，而应主动出击，并将应当呈现出何种社会精神面貌告诉人民群众。因此在社会进步过程中，"文化"发挥着至关重要的作用。

当然，如果只有灿烂的文化，而没有人对这文化进行传承，那么，再璀璨夺目的文化也仅仅像划过夜空的流星，一瞬即逝。因此，优秀的文化继承人是分外重要的。无论是一个国家的壮大、发展，还是一个民族的文明进步，都不是一朝一夕之功，而是需要历代人民积蓄充足力量，不断为之努力。其中，最深沉、最持久的力量便是核心价值观。我们必须对能够承担起复兴民族之重任的接班人进行培养，为民族带来新的希望。

诚如古语所云，国无德不兴，人无德不立，想要先树人，必须先立德，可见对文化基础教育进行夯实，一步步培养信念与理想，要引导人民群众对正确的价值观、世界观、人生观予以树立，并将以德为本的社会意识树立起来，实现社会风气之净化，将优良的社会氛围营造而出。

若想更好地传播、发展中华文化，我们就需要不断与其他文明进行交流，唯有如此，方能借鉴其他文明的优秀之处，实现"互补""互动"目的。中华文化与其他文明交流过程中，势必会出现一些碰撞，而在碰撞过程中"失落"的，便是应当被淘汰的。早在几千年前，中华文化就蕴含了"海纳百川，有容乃大"之理，这也对我们进行指引：我们既要坚持"古为今用"，又要对外来文化加以借鉴，汲取其优秀之处，不断开拓中华文化，使之日益丰富，将适合中华优秀文化发展的国际环境创造而出。

总的来说，我们必须将中国故事讲好，将中国声音向世界传递，让世界不再对中国一知半解，而是真正认识、认可中国。当前，我们与外界有着多种形式的交流，如孔子学院、中非论坛、G20峰会、APEC会议、奥运会、"一带一路"等，这些都使得在世界范围内中国话语权得到进一步提升，有助于世界对中国的认识与了解，也让人民群众深刻认识到国家的强大，在心中形成并牢固树立文化自信、民族自信。

二、面对的挑战

提到"全球化"，人们脑海中首先浮现的是"经济全球化"，实际上，"全球化"不仅包括经济全球化，也包括文化全球化。

所谓文化全球化，指的是世界各民族文化在各个方面（如生活方式、思维方式、文学艺术、思想理念、价值观念、行为准则等）相互交流、碰撞而产生的融合。

当前，"全球化"可谓"愈演愈烈"、不断蔓延，中华传统文化也迎来了挑战，且这挑战可谓前所未有。尽管中华传统文化在全球化的冲击下遭受部分负面影响，然而也收获了一些可资借鉴的新思想、新理论，因而实际上伴随挑战的还有机遇。现如今，我们必须深入了解全球化中我国文化的具体情况，始终保持清醒认识，妥善应对文化全球化的汹涌浪潮。

自古以来，中华民族积淀了颇为丰富的优秀传统文化，这也是一笔十分宝贵的精神财富。当前，中华民族物质世界正处于低谷，引发一系列问题。例如，在面对外来物质文化时，我们缺乏抵抗力；又如，由于渴望了解新鲜事物，一些人对外来物质文化盲目地崇拜，甚至全盘接受。

我们也要认识到，从古至今，"包容"都是中华传统文化的一大特点，包容的中华传统文化在马克思主义科学的指导下，即便遭受文化全球化之冲击，依然能够生命力旺盛，不断发展自身。"容"字是传统文化中"兼容并包"思想的根本所在，我国传统文化能够经受住多次历史文化冲击，依然屹立不倒，关键就在于其"无物不容"。因此，无论外来文化怎样猛烈地冲击中华文化，其都无法替代中华文化，而会被中华文化汲取、借鉴，成为其补充部分。

三、加强和改善党的领导的必然要求

党的十九大报告明确告诉我们，对于一个民族、一个国家而言，"文化"是其灵魂所在。文化强则民族强，文化兴则国运兴。中华民族想要实现伟大复兴，就要以文化之繁荣发展为前提，以高度的文化自信为基础。在长期的社会实践过程中，"中华优秀传统文化"是其凝聚的智慧结晶。步入近代之后，中国立足自身实际国情，并结合马克思主义，更为科学地发展中华优秀传统文化，同时，也为中国发展马克思主义奠定了坚实的思想根源、打下了牢固的思想基础。

纵观中国近代史，我们能够清楚看出，为了"东方睡狮"的觉醒，中国共产

党责无旁贷、毅然决然地将对中华优秀文化传承与发展的重担挑到肩上。

新民主主义革命时期，我们迫切需要发展壮大党组织，领导全国百姓保家卫国，因此，对传统文化中蕴含的"自强不息""天下兴亡，匹夫有责"等担当精神广加宣传，而这种精神也在民族解放、民族独立中起到了强大作用。

社会主义建设时期以及改革开放时期，领导人民群众过上小康生活，实现中华人民共和国国力之提升，是当务之急，因此，我们对传统文化中的"仁"之思想进行弘扬。改革开放40余年中，我国取得的成就是辉煌的、有目共睹的，并接连不断地将奇迹创造而出。

当前，改革开放向纵深推进，我国经济迅猛增长，也与外来文化有着愈发频繁的沟通、交流。然而，社会中也渐渐出现一些"崇洋媚外"的现象。中华优秀传统文化具有的价值之一便是"定国安邦"，我们必须对此作用充分发挥，从而将正确的社会风气、家风树立起来，对存在的问题予以彻底解决。

历史的经验证明，在治国理政的过程中，优秀传统文化能够提供行之有效的方法。在社会风气方面，我们对礼义廉耻、诚信为本、尊老爱幼大加提倡，而这些道德理念正是蕴含于传统文化之中的；在党的建设方面，勤政爱民、以德治国、廉政为民等，都是先贤往圣治国之精髓所在；在教育方面，有教无类、因材施教等，都是传统文化中总结的人才培养经验；在国际问题方面，不干涉他国内政、反对霸权主义、奉行"大道之行也，天下为公"，这些都是传统文化中的思想理念，也都得到了世界上每个爱好和平国家的认可与赞同。当然，国家之富强是充分发挥传统文化作用的前提与基础，唯有二者之间相互扶持、彼此作用，才能在未来挑战中真正发挥传统文化的关键作用。

总的来说，党、国家和人民，都需要对中华优秀传统文化继承与发展，这是对党的领导予以改善与强化的必然要求。

第二节 中华优秀传统文化传承与发展的主要对策

一、长效机制的建立

所谓长效机制，即能长期保证制度正常运行并发挥预期功能的制度体系。为了优秀传统文化的继承和发展，各级政府必须制定相关的政策与法规，为优秀传统文化的继承和发展提供制度上的保障。

通过传承优秀传统文化的长效机制，保障优秀传统文化在当下西方强势文化和现代多元价值观的冲击中，在急功近利的经济效益诉求下，冲破自身本体农耕性的束缚，摆脱商业附庸性，从而保持优秀传统文化的纯度。该长效机制突出各级政府在优秀传统文化传承主体中的主导作用。

政府是建立这一长效机制不可或缺的领导者、策划者、组织者和协调者。为确保优秀传统文化传承工程的顺利进行，各级政府需做好以下几个方面的工作：

（一）保护优秀传统文化资源的具体措施

保护优秀传统文化资源是当代传承优秀传统文化的前提。要使保护工作落到实处且卓有成效，还必须采取合理有效的保护方法和措施，具体措施如下：

1. 实行系统性立法保护

目前，各个省根据国家相关的文化保护法规，对优秀传统文化资源采取了相应的立法保护措施。例如，河南省立法为保护嵩山景区历史建筑群，制定《郑州市嵩山历史建筑群保护管理条例》。这些立法保护条例对于中原文物遗址的保护发挥了重要作用，体现了地方政府对中原文物遗址的珍爱和重视。

但是，由于优秀传统文化资源种类繁多、内容丰富，除了文物遗址类物质文化遗产通过立法得到保护外，还有其他物质文化遗产和大量的非物质文化遗产亟待保护。因此必须加大立法保护的力度，针对还未受到保护的不同类型的优秀传统文化资源，制定和完善分级、分类保护制度和法规。

2. 实行传承性保护

传承性保护主要是针对非物质文化遗产项目传承人的保护。在非物质文化遗产的保护中，对项目传承人的保护应该是保护工作的重点。

被命名为民族民间优秀传统文化传承人的应当是本地区、本民族群众公认为通晓民族民间优秀传统文化活动内涵、形式、组织规程的代表人物，或者是熟练掌握民族民间优秀传统文化技艺的艺人，或者是大量掌握和保存民族民间优秀传统文化原始文献和其他实物、资料的公民。其命名应当经过本人申请或他人推荐，并经过了初审、审核、批准的程序。

传承人可以按师承形式选择和培养新的传人。民族民间优秀传统文化传承人依法开展的传艺、讲学及艺术创作、学术研究，受到政府条例的保护。对于被命名的民族民间优秀传统文化的传承人，命名部门应当为他们建立档案，支持其传承活动。生活确有困难的，由当地政府适当给予生活补助。只有对传承人实施有效保护，才能保护遗产类文化资源的原真性、多样性和完整性。

3. 实行知识产权保护

近年来，优秀传统文化被抢注事件屡屡发生，杭州就发生过老字号被抢注，最后不得不高价购回商标的事件，这为优秀传统文化保护敲响了警钟。优秀传统文化的保护和知识产权是密切联系的。优秀传统文化遗产是人们在长期的生产生活过程中，在前人经验的基础上进行了自己的创造，形成了自己的特色。因此，很多项目涉及知识产权的问题。保护优秀传统文化，明确传承人也好，确定项目也好，这本身也是对于这些传承人所创造的技艺和文化传统的认可。对于设立保护人、保护项目本身也是保护知识产权的重要措施，有些还要和保护知识产权的法律法规结合起来，使保护逐步走向科学化、规范化、法治化的道路，进而使创造成果能够得到法律的保护。

由于传统知识、优秀传统文化表达和遗传资源的广泛性和复杂性，不可能通过单一的模式给予有效的保护，因此可以考虑按其所属类别的不同，分别采用不同的模式。除了可采用保守商业秘密、建立地理标志等方式外，政府、企业还应懂得拿起知识产权这一武器。对优秀传统文化进行知识产权保护，必须抓紧申报优秀传统文化专利、登记文化遗产、注册商标品牌。对代表优秀传统文化的手工产品、文学戏曲艺术乃至节庆、村名等，要注册商标、登记产权、形成品牌。

4. 实行整体性保护

将保护范围从个体的文物、建筑扩大到建筑群、历史街区乃至一个完整的古城，以"整体性保护旧城"的发展理念代替"旧城改造"的错误方针和口号。旧城内的传统建筑应加强日常修缮，并维护原有的路网格局和街巷机理。将城市历史渊源、区域文化差异、文化多元性与城市规划、设计尽可能完美地结合。

5. 实行社会性保护

社会性保护即是调动社会各阶层的力量，积极行动起来，保护优秀传统文化。一是建立文化资源民间保护机制、学术研究保护机制及宣传普及保护机制，培养社会各界对文化资源的感情和价值意识，提高民众保护自觉度，强化研究者、决策者和执行者的保护理念，营造保护文化资源的良好社会氛围，这是最浑厚的社会基础和心理基础。二是为了解决资金不足的难题，应鼓励企业、个人向文化资源保护投资或捐赠。提高全民文化自觉和文化自豪感，促进全社会的文化认同，扩大中华文明的宣传和影响。鼓励公民、企事业单位、文化教育科研机构以及其他社会组织积极参与优秀传统文化的保护工作。

6. 实行文化资源产业化开发的对位性保护

所谓对位性保护就是在文化资源开发过程中强调"谁开发、谁受益、谁保护"的原则，把部分开发收益应用到资源的保护上，形成在保护中开发、在开发中保护的良好局面，并通过文化产业自身的扩大与积累来改变过去文化由政府保护的单一输血模式。

（二）因地制宜开发优秀传统文化资源

在全国范围内鼓励各地结合自身特色，采取灵活多样的形式，开发利用本土优秀传统文化资源。

1. 依托现代艺术设计，开发优秀传统文化资源

对地方文化资源的开发是一项长期艰巨的任务，是一项规模宏大的系统工程，对文化资源开发的宣传、传播，必须营造其舆论氛围并形成开发的共同信念和文化联系，以吸引全国各行各业都参与进来，并吸引国外资本、技术、人才投入开发中，加快开发的进程、提高开发的效果，以实行最广泛的信息交流与沟通。

现代艺术设计可凭借本身具有的文化特质和丰富的内涵，担当起实现最有效的沟通的角色。艺术设计的文化审美特质和丰富的实用艺术内涵，在发掘地方本土文化资源中其凸显了独有的优势。现代艺术设计能整合地方本土文化艺术资源，进行全方位的文化艺术创新，塑造地方本土品牌形象，包装打造精品名牌，创造竞争优势，为把资源优势迅速转化成经济优势，进而为转化成市场竞争优势服务。艺术设计可运用企业形象设计、广告设计、包装装潢设计、造型设计等形式包装地方本土文化企业及其产品，使地方本土文化产品不断增强形象竞争力。艺术设计可以综合应用科技、经济、文化、艺术等知识与技能，赋予地方本土文化商品打造出能满足审美需求和富有艺术感染力的精品品牌，使商品更适销对路，更具魅力、更富人性和情感，使消费者在"冷漠的工业产品和热情的人体之间找到共鸣区域"。

2. 以旅游为突破口，开发优秀传统文化资源

旅游在促进文化发展方面能发挥重要作用。

第一，文化发展应该是一个内容和形式协调共进的过程。文化的内容通过各种形式表现出来，这些形式主要包括语言文字、艺术表现、宗教信仰、生活习俗、家居建筑等。通过旅游这个媒介，文化表现形式得到了发展和创新，其蕴含的内容也通过旅游者的鉴赏得到传播和发展，文化发展的内容和形式有机地匹配在一起，实现了二者的协调共进。

第二，文化发展应该是一个继承和摒弃共同存在的过程。通过旅游这个平台，提供了让广大社会公众自发地、共同地了解优秀传统文化内容的机会，使人们对优秀传统文化的重新审视和整体把握建立在符合社会公众的整体需求之上，从而为优秀传统文化的继承与扬弃提供了时代标准。此外，旅游对文化发展最直接的

作用表现为，将文化资源转化为社会大众可以消费的商品，随之又为文化的发展提供了资金。

在发挥旅游对文化促进作用的同时，必须注意到，旅游自身的发展并不会带来对文化资源的自觉保护。因此在发展旅游的过程中，首先应提高对保护文化资源的认识，做到合理开发利用，实现旅游与文化双赢。因此，合理地开发利用文化资源是旅游的可持续发展之道。合理开发利用文化资源的关键是要保持文化资源持有者的主体地位。这个主体地位既表现在经济利益的获取上，也表现在文化的保护创造发展上。文化的保护创造发展都要以当地群众为主体，使保护创造发展的文化仍然是本来的文化，而不是仅仅为吸引游客生造出来的"伪文化"。

3. 利用民间文化活动，开发优秀传统文化资源

中国地域文化资源极其丰富。由于现代化进程的加快，社会结构和人们生活环境的改变，以方言为重要特征的地方戏剧出现了前所未有的生存危机，如果有心去统计的话，小剧种的消亡速度绝对是惊人的。

受市场发育程度低和市场主体适应能力低下等因素的影响，演出团体与观众之间的天然联系逐渐削弱，加上外来文化、快餐文化、网络文化的冲击和消解，戏曲由曾经的大红大紫归于平淡，导致了小剧种、稀有剧种的减少甚至消亡。缺少观众和市场的地方小剧种陷入了生存困境，剧团经济状况拮据、人才老化断层、表演技巧流失。一些濒临消亡的戏曲剧种资料散落民间，因无经费抢救，艺术遗产存在失传的危险。

地方戏曲是深深扎根于地方那块土壤的，特别是说方言的地方戏曲，它们的根就在方言区。离开方言区去发展地方方言戏曲，这也是一种不切实际的幻想。因此，地方戏曲应该清醒地认识到它的生存与发展都是建立在地方那片土壤上的。让这片土地上的人们常常看到他们爱看的戏，培养自己更多的观众，这才是最为有效的地方戏曲发展之路。

（三）加大优秀传统文化的招商引资力度

政府的招商引资是传承优秀传统文化强有力的物质保障。能否筹集足量的资

金，成为决定优秀传统文化的传承能否进行和持续开展的关键。而完成这个任务单靠政府一方财政投入是远远不够的，必须由政府出面招商引资。政府可从以下几个方面扩宽门径，加大优秀传统文化的招商引资力度。

1. 建立文化产业招商引资项目库

区域文化产业是最具地域性、原创性的特色产业。区域文化产业的发展，一般与当地的历史文化形成、民风民情民俗、经济社会发展等密切相连。对优秀传统文化资源进行科学梳理、合理开发，是发展文化产业的前提。

随着时代的发展和科技的进步，各种有形无形的资源被不断发掘出来，这就需要我们更新观念、充分利用，建立全省统一的"文化产业招商引资项目库"，以项目的共同融资、开发来整合资源。建立文化产业招商引资项目库就是各地、各有关部门根据自身特点，全面梳理、归类文化资源，并将其分类建库。

我省是文化大省，地域文化资源极其丰富，每一个地区都有自己独特的资源。这就要求我们依托我省的区域文化资源优势，根据各地资源环境的承载能力和发展潜力，明确不同区域的功能定位，加大文化创意的力度，实现"一市一景""一县一品"的区域文化产业发展。

2. 组织推介活动，扩大招商引资规模

文化产业招商引资项目是发展文化产业的载体，文化产业招商引资项目库是文化产业招商的基础。全省范围内联合征集文化产业项目，由各地上报，经专家审核筛选，确定上报入选文化产业招商引资项目库。聘请专门人员对这批项目进行加工、包装、核实、翻译，力求提高质量。在此基础上，制作发放数千份精美的文化产业招商项目册和招商项目光盘，所有招商项目上网发布。加大宣传，让投资者了解项目，是做好文化产业招商的重要条件。

二、学术研究与大众普及的兼顾

优秀传统文化的传承必须做到学术研究和大众普及的兼顾。一方面，调动各地、各级学术界参与优秀传统文化传承的积极性，使之深入研究，并为优秀传统文化的继承提供学术保障。另一方面，调动民众的积极性，让优秀传统文化的继承和发展成为自觉的民间行为。

（一）加大学术研究的力度

优秀传统文化的传承首先离不开深入的学术研究。只有通过学术界的深入研究，才能剔除糟粕、吸取精华，正确认识和把握优秀传统文化，才能更好地弘扬优秀传统文化。优秀传统文化的传承毕竟是一项浩大的探源工程、抢救工程和积累工程，还需在此基础上加大学术研究的力度，形成对优秀传统文化的持续深入研究。

1. 加强学术团队建设

21世纪将是一个团队至上的时代。所有事业都将是团队事业，依靠个人的力量已经不能取得什么成就了。只有拥有了一支具有很强向心力、凝聚力、战斗力的团队，拥有了一批彼此间互相鼓励、支持、学习、合作的员工，事业才能不断前进、壮大，才能成功。优秀传统文化内容丰富、形式多样、涉及面宽、覆盖面大，单靠一些部门、个人是不可能完成这样一个艰巨任务的，必须建立起对优秀传统文化研究的学术团队，让学术团队充分发挥在优秀传统文化传承中主力军的作用。在学术团队建设中要注意以下问题：

第一，根据需要建立各层级的学术团队。在中华大地上，优秀传统文化积淀深厚。从城市到农村，从平原到山区，都蕴藏着丰富的优秀传统文化。对这些优秀传统文化的挖掘、保护、研究、继承、发展都需要学术团队，需要各层级的学术团队。从省、到市、到县、再到乡都要建立学术团队，并且学术团队建设要采取各级部门文化主管领导负责制，充分发挥领导在学术团队建设中的管理、监督、组织及协调作用。

第二，建立各种类的学术团队。由于优秀传统文化种类繁多，必须根据不同文化特色建立相应的学术团队，专门负责某类优秀传统文化的研究和传承工作。

第三，确立研究目标，充分发挥团队的作用。为了更好地发挥团队精神，既要制定出切合实际的总体发展方向，又要制定出具体、可行、明确的工作目标和任务，并将每项任务的标准、要求进行细化、量化落实给每个人，让团队中的每个人围绕着这个目标，再结合自己的岗位特点，发挥主观性、能动性进行创新、创优，这样才不会使我们的创新、创优与我们的工作目标相悖，使那些创新、创优工作不出现偏差，才会让每个团队像拔河比赛一样，做到心齐、力齐、步调齐，从而使这个团队在一个精神、一个目标的指引下，产生出 1+1>2 的奇特效应。

2. 加大学术经费的投入

要更好地研究优秀传统文化，必须有配套的研究经费，并且专款专用。为此，政府应尽可能在优秀传统文化研究方面加大资金投入，以支持和鼓励研究人员的科研积极性；设立学术著作出版基金、地方优秀传统文化保护基金等专项经费，鼓励研究人员，特别是中青年科研骨干产出高质量、高层次的优秀学术著作，从而提升优秀传统文化的学术水平，提高优秀传统文化保护的力度；设立优秀传统文化考察专项资金，加大考察力度。

（二）加快大众普及的进程

优秀传统文化博大精深，然而，优秀传统文化在大众中的普及度还不够。大众虽然生活在具有深厚优秀传统文化的中原大地上，被优秀传统文化包围着，但是对优秀传统文化的精髓知道得还是很少的，这是不利于优秀传统文化继承和发展的。优秀传统文化的传承离不开优秀传统文化在大众中的普及。即要求各个阶层、各类群体社会成员的积极参与，每一个社会成员，不论其身份、地位和职业如何，都能认同优秀传统文化，并且都应以适当的方式致力于优秀传统文化的继承和发展。广泛普及优秀传统文化，让优秀传统文化的继承与发展成为自觉的民间行为，使优秀传统文化变成民众的精神食粮，加快优秀传统文化大众普及的进程，具体措施如下：

1. 积极推动民间文化之乡建设

为推动民间文化之乡的建设，需加大建设的力度。一是建设更多的民间文化之乡，提高民间文化的保护意识。二是明确责任，加强民间文化之乡的属地管理。

总之，通过积极推动民间文化之乡建设，努力扩大中国民间文化之乡命名工作的社会效益。

2. 大力发展民间文化组织

民间文化组织是公众多方参与优秀传统文化传承的载体之一。公众可通过参与民间文化组织的活动，了解优秀传统文化。一直以来，我国都把培育发展文化民间组织、促进文化产业发展作为加强民间组织管理的一项重要工作。文化类民间组织充分发挥文化资源丰厚的优势，通过组织、参与各种社会文化活动，为促进我国经济社会发展发挥了积极作用。

3. 发挥大众传媒的舆论优势

发挥大众传媒强大的舆论优势，吸引公众关心、参与优秀传统文化的传承。大众传媒是公众多方参与优秀传统文化传承的最重要、最高效的载体。现代传媒的发展，特别是互联网络的发展，使得社会成员获取知识的途径不再局限于书本。通过传媒对优秀传统文化的宣传或者说表达，可以加深社会成员对于自己文化的认同感和深层理解。这对于优秀传统文化传承阶段性成果的巩固有着积极的作用。

4. 重视优秀传统文化对青少年的影响

开展"优秀传统文化进校园"活动。各级各类学校是普及和推广优秀传统文化的重要阵地。优秀传统文化进校园，可以在各地中小学建立优秀传统文化传承基地。利用常规课堂教学对中小学生传授本土优秀传统文化知识。如课前开展语文小活动，内容必须为本土优秀传统文化的方方面面。每次活动要有详尽记录，到学期结束后再整理成班上的"百科知识全书"，或把精华内容在校园网上贴出来，供全校分享。又如建立各种兴趣学习小组，开展研究性学习。老师向学生推荐一些研究的内容并作详尽的指导，不断参与、指导学生进行深入研究。

让优秀传统文化进校园，在各地高校建立优秀传统文化社团。利用节假日和寒暑假时间要求大学生进行优秀传统文化社会实践。

5. 征集优秀传统文化的民间志愿者

征集优秀传统文化的民间志愿者，确保优秀传统文化的持久性传承。优秀传统文化的继承和发展是一项浩大的公益性文化事业，仅仅依赖政府、学术界、企业的力量还是远远不够的。优秀传统文化的民间志愿者是指那些了解或者懂得优秀传统文化、真正热爱优秀传统文化、愿意为优秀传统文化传承服务的人员。民间志愿者的加入可以扩大优秀传统文化传承的普及面和受众面，加快优秀传统文化大众普及的进程。依据传承优秀传统文化的实际需要，招募各类民间志愿者。

一是文艺演出类民间志愿者。该类志愿者要求具有声乐、器乐、舞蹈、戏剧、曲艺、语言艺术等舞台表演能力。主要负责组织、参与各类传承优秀传统文化的公益性文艺演出，为广大民众特别是社区、农村、企业、部队等基层群众义务演出，丰富群众文化生活。

二是艺术培训类民间志愿者。该类志愿者需具备一定传统艺术专业基础并能承担培训教学工作。主要面向全社会，尤其是弱势群体开展音乐、舞蹈、戏剧、曲艺、文学、美术、武术等各类传统艺术培训，将艺术培训普及全社会，提高全民文化素质。

三是艺术展览类民间志愿者。该类志愿者主要开展各类公益艺术展览，参与各类展览的布展及现场示范讲解等工作，向市民介绍文艺知识，引导市民参观，提高市民艺术欣赏水平。

四是图书馆社会服务类民间志愿者。该类志愿者需适合从事图书馆社会服务的人员，包括信息技术人员，制作及维护优秀传统文化志愿者服务队网站，开展信息技术培训、数字资源推广和各类读书活动，为读者提供服务，尤其是为弱势群体提供阅读服务，推广社会阅读。

五是博物馆服务类民间志愿者。该类志愿者主要参与博物馆陈列和展览工作，解答观众咨询及义务讲解，协助展场文物保护、管理以及博物馆的宣传教育、观众调查等工作，充分发挥博物馆教育的辐射功能。

六是民间艺术类民间志愿者。该类志愿者主要从事民族民间文化保护工程和国家级非物质文化遗产保护项目的普查工作，对丰富的民间艺术资源进行收集、整理和开发利用，在全社会普及民间艺术知识，推动优秀民间艺术的传承和发扬。

通过各类民间志愿者的服务，大大推动优秀传统文化普及的进程，确保优秀传统文化的持久性传承。

学术研究和大众普及的兼顾就是要使全省广大群众充分发挥主人翁意识，从我做起，从身边做起，积极参与优秀传统文化的保护，为推动优秀传统文化的保护和传承做出自己的贡献。有关学术机构、大专院校、社会团体要加强对优秀传统文化的研究，积极献计出力。社会各界特别是有实力的集团、外资企业或个人要积极参与传承优秀传统文化的社会化、产业化活动，促进优秀传统文化社会效益和经济效益的同步提高。大众媒体要加强舆论引导，发动群众参与优秀传统文化传承，以形成全社会共同参与优秀传统文化传承的格局。

三、传承模式的日常化

优秀传统文化因其大众化的特点而与民众生活紧密联系、不可分割。所谓传承模式的日常化就是要凸显优秀传统文化在民众日常生活中的普遍性和广泛性。优秀传统文化不仅仅是在课堂里、书本中学习和研究的文化符号，而应当变成一种能够不断地向民众日常生活的各个领域推延、扩展的内在力量。

传承优秀传统文化需要建构一种能够对优秀传统文化资源进行转化、传播的有效机制，对优秀传统文化具有恒久价值的经典内容进行复制与"拷贝"，使其家喻户晓。充分挖掘优秀传统文化中的优秀因子，将它们转化成不同类型、不同样式的艺术作品，通过电影、电视、漫画、网络游戏等现代媒体技术形式进行广泛传播。用优秀传统文化将不同社会群体的思想聚合在一起，用这种方式来提高不同社会群体的文化共识，使那些在艺术的审美与文化的消费领域相对自由的个性取向在对文化身份的认同中得到整合，进而建构公众对于优秀传统文化的普遍共识。优秀传统文化只有实现传承模式的日常化，与广大民众的日常生活紧密联系，才能突破因经典厚重而易被"束之高阁"的命运，并以鲜活的生命和永久的魅力在民众的日常生活中得以世代传承。实现优秀传统文化传承模式的日常化举措如下：

（一）优秀传统文化转换为各种类型的艺术形式

首先，针对普通民众的文化接收心理，拍摄优秀传统文化题材的影视剧。影视剧作为当今媒介文化的重要形态之一，作为大众文化的一种载体，在日常生活中向人们提供感官娱乐、精神审美的同时，也在不知不觉间传递着自己民族的文化，潜移默化中影响甚至支配着人们的价值观、精神状态、人生态度等。影视剧是当代最贴近普通民众日常生活的艺术形式。优秀传统文化题材的影视剧不仅加深了优秀传统文化在国内乃至世界观众心目中的印象，成为日常化传承优秀传统文化的功臣，也成为文化走出去的一条重要传播途径。

其次，针对青少年的文化接收心理，借鉴欧美、日本国家动画的成功经验，将优秀传统文化、历史故事融入动画中，让优秀传统文化通过现代媒体动画焕发新的生命。

《中共中央、国务院关于进一步加强和改进未成年人思想道德建设的若干意见》中直接点出要积极扶持国产动画片，逐步形成具有民族特色、展示中华民族优良传统的动画片系列。如此重要的文件中直接而具体地明确了中国优秀传统文化在动画业的地位，足以说明在动画业发展中国优秀传统文化的序幕由此拉开。随着网络文化艺术的普及，在世界经济一体化发展的今天，我们更应该提倡动画及网络文化艺术创作，创造具有中原本土文化特质的动画形象，并作为一种文化战略举措开拓我们自己的动画市场。动画及网络文化艺术创作也具有创新民族文化、丰富当代文艺样式的重大战略意义。

（二）借助传统节日弘扬优秀传统文化

巧借民众欢度传统节日之机，将优秀传统文化的传承与传统节日紧密结合起来，利用优秀传统文化重建全民自发性节日文化。

传统节假日不仅仅是一个公众放假的问题，更需要用恰当的形式将它的内容结合在一起，把节日的文化内涵发掘出来。当下传统节日日益淡化已经是一个不争的事实。仔细分析其日益淡化的原因，不难发现有以下几点：一是传统节日与农耕文化有关，在向城市文明、工业文明的转型过程中，天人合一、人与自然的关系疏远了。二是在全球化时代，各种文化信息和生活方式的影响和冲击，疏离了人们对传统节日的意识和情感。三是传统节日皆为农历，现在的年轻人不大会进行农历和公历的换算。四是现代人自己也缺乏历史情怀和文化情怀。面对日益淡化的传统节日，地方政府的首要任务是结合各地优秀传统文化资源，挖掘传统节日的丰富内涵，让传统节日借助厚重的中原优秀传统文化成为现代人日常生活的重要节点。

各地可以利用传统节日这段公众难得的闲适时间在公共场所（如广场、公园）组织优秀传统文化宣讲活动，亦可组织传统的竞技活动、日常娱乐游戏，让百姓在日常生活中有机会去感受传统。

四、传承内容的符号化

符号是什么？符号是从自然基础上构筑的第二性的、派生的模式化的内容。这个性质一方面意味着在抽象、创造文化符号的过程中，人的想象力和创造力有无尽的发挥空间；另一方面符号是一种抽象的东西，它可以通过最现代的手段传播及派生。文化符号化是什么？所谓文化符号化是文化的物化，即把较为抽象的文化内容用具体的物象来表示。通过文化物化构成的文化体系要让文化传播形成一种气势。

在传统文化继承和发展的过程中，由于中原文化的博大精深，因此在传承过程中有一定的难度。为了让传统文化更好地、更快捷地深入人心，让传统文化的内容有相应的物质载体，如城市的公共场所、小区建设、街道名称甚至道路、桥梁的建设都要容纳、渗透传统文化内涵，为此，使之成为优秀传统文化的符号显得尤为重要。也只有通过传统文化的符号化，才能加速其发展，扩大其普及范围，进而提高文化竞争优势。由于城市和乡村有着迥异的文化传承方式、特征和主体，因此下文就城市和乡村的传统文化符号化分别加以研究。

（一）城市传承传统文化的符号化

一个城市有一个城市的内涵、历史和文化积淀。经营城市不仅要重视高楼大厦的建设，还要重视城市传承的文化积淀，要将城市文化经营好，用城市已有的传统文化资源来促进经济的发展。具体措施如下：

1. 精心打造传统文化的品牌性标志

在现实生活中，我们常常接触到各种各样的符号，每一个符号都有其约定俗成乃至法定的作用，每一个符号都承载了社会特有的风貌和价值观。一个城市的标志性符号，只能产生于这个城市的历史积淀，具有极高的美誉度、概括性，并寄寓着生活在这个城市的人的历史观、发展观和价值观。作为标志性的传统文化载体，是一个城市文化与思想的灵魂和核心。这些标志既可以象征一个城市的文化之根，也可以成为人们文化情感的寄托，因此，要打造出一个城市文化的品牌性标志。

一个城市经济要发展，文化要对外交流，就需要有这个城市文化的品牌性标志，正像美国有标志性产品可口可乐、好莱坞、NBA一样。如果把一座城市看成一种产品，就需要给它一个鲜明和吸引人的品牌性标志。中原大地上的城市蕴藏着博大精深的传统文化，然而保持永久的文化魅力，就要以传统文化为核心，重新总结并制造出一个标志性的产品。就像可口可乐一样，它是代表美国文化的一个清晰的符号。

城市品牌性的文化标志需要城市民众的接受和认同，让民众的生活能够体验到这个文化，而这个文化也能正面地影响到民众的生活。这个文化有多大的影响，就看它能否改变人民的思维和言行举止。如果文化这个产品能在这个城市变得家喻户晓，老百姓生活就会更好，社会也会更和谐。以可口可乐为例，可口可乐担当着推动美国文化的角色，成为美国人生活中的一个标记，在不同的领域，如家庭、饮食、娱乐、体育等都积极参与，和美国社会融为一体。同理，传统文化的传承也需要符号化。例如，儒家提倡的"中和"，强调的"礼之用，和为贵"；道家追求人与自然的和谐统一；墨家倡导"兼相爱，交相利"，主张实现个体与社会的有序统一，道德与功利的和谐一致等，这些抽象的传统文化都可以转化为符号变成公众容易接受的载体。

2. 全面构建传统文化的符号体系

对于一个城市的文化建设来说，只有两三座雕塑的文化势必显得单薄，它们只能生成文化核心灵魂的作用。要想让文化形成一种气势，还需要大量的由文化物化构成的文化体系来支撑。从建筑物的外观设计到命名，从道路的建设到道路的名称，从社区建设到人们休闲娱乐场所的建设，这些都可以赋予其不同的传统文化符号意象。这些符号或言说悠久的历史，或言说道德的根基；或言说天人合一的思想，或言说人人和谐的思想。这样，根据城市的总体规划、文化特征，可以在一个城市建设多种文化意象的物质载体，可以构建符号体系网络。

单单从街道名称来看，街道名称可以说是一面历史的镜子，每一个街道的名字背后总有一个城市的故事，所以对城市街道的命名，应该从传承历史、打造城市品牌的角度，尽可能地保留历史悠久、具有内涵和广泛联系的街道名称。以洛阳为例，洛阳作为中国首都的朝代是东周、东汉、曹魏、西晋、北魏、隋、唐、后梁、后唐、后晋等。就可用河洛、伊尹、苏秦、张仪、光武、蔡伦、建安、左思、唐三彩、玄奘、李格非、牡丹、关林、白马寺、龙门等代表洛阳传统文化的名字来命名洛阳的街道。在这些路牌下再配以这些名词的简介，置身于这样的城市街道上，人们体验到的将是一种浓浓的 5000 年的灿烂文化。

在城市开发建设、旧城改造和管理中，现代城市借助传统文化的符号体系使得"新城市"在"旧历史"的厚重中焕发出勃勃的生机，以此来提升现代城市的文化品位。在城市规划开发建设中全面构建传统文化的符号体系具体措施如下：

（1）建立经营城市文化的研究机构，听取民间各界的意见，适当地开展一些社会性的城市文化讨论，激发市民热爱城市、建设城市的热情，创造一个城市发展的软环境。

（2）对原有的地名、街名进行发掘性整理。城市建设的展开，必然改变原有的环境，在我们的环境变得越来越好的过程中，要保留住的是文化的遗产，因此，要汇集、整理正在或将要改变的城区的各类文化历史内容。

（3）从传承、弘扬城市的历史文化出发，对整理出的原来的故事和历史，要超前、有意识、有选择地渗入城市的规划建设中，在市政规划中融入历史文化内容。在街道命名中对原有文化的内容进行评估，提出若干备选方案，并广泛征集意见，从未来城市发展的角度确立我们的街名、地名。

（4）在街道命名中，有意识地进行一些文化保护。在城市开发建设和旧城改造的飞速进程中，一批具有文化特色、地域特点和文化内涵的老地名受到遗弃、破坏而消失，非常令人惋惜。保护老地名工作，是实施城市文化遗产保护的重要举措，是加强地名文化资源开发的必要手段，是打造城市文化氛围的特有途径。在城市开发建设、旧城改造和管理中，要有效地保护和利用老地名，使中原传统文化得以发扬光大，为此地名管理部门责无旁贷，但光靠地名管理部门一家重视是远远不够的，还需要建设、规划、交通、土管等部门共同审时度势、凝心聚力，才能取得实效，才能把保护老地名工作做好。

总之，通过将传统文化符号化，能使一个城市的传统文化向人们的生活深处渗透，进而向人们的心灵深处沉浸，并使文化与城市的现在与永久的未来相生相容，永久地影响着一个城市。

（二）农村传承传统文化的符号化

农村是中国传统文化存续的主要空间，而传统文化则是新农村文化的根基。近年来，一些地方在村庄建设中，不少老村庄因为拆迁等诸多原因已渐趋消失，古民居、古祠堂、古石刻、古桥、古井等文化遗址也不复存在，一些具有独有的自然生态文化特色的村庄也逐渐被一个个千篇一律、面孔雷同的村庄所取代。为了中原优秀传统文化在农村得到更好的继承与发展，将中原传统文化的内容符号化是比较可行的一个措施。

1. 保护农村传统文化的原始符号形态

中国是一个有着悠久历史和深厚文化底蕴的地域，人们在长期生产生活实践中创造了丰富多彩的传统文化。然而，由于历史的变迁和人类活动的影响，不少珍贵的物质和非物质文化遗产受到岁月的侵蚀或遭到人为的破坏，有的已经濒临灭绝。加强传统文化的保护与传承是人类的任务，是历史赋予我们的崇高责任，也是世界文明延续和可持续发展的必然要求。

农村传统文化资源十分丰厚，文化地域特色非常鲜明，古村落、古建筑等物质文化遗产和民俗、民间艺术等非物质文化遗产散布农村各地。这些都是农村传统文化的符号形态。因此，应进一步加强对农村传统文化资源符号形态的系统发掘、整理和保护，逐步建立有效的农村传统文化保护与传承体系，弘扬农村优秀文化传统，着力发展农村特色文化，让村落留下历史记忆，让人们记住"回家的路"，是社会主义新农村建设重要内容，也是提高群众文化生活品质的重要途径。

2. 建设传统文化的新符号形态

农村在世世代代的经营中，已形成独特的农村传统文化。它反映着民众独特的生活情趣，包含着丰富深刻的社会历史信息，代表着民众的审美理想。农村文化在人类文化的发展中发挥过巨大的作用，其中有些还是人类文化宝库中的优秀代表。这些优秀的传统文化必须得到有效保护，需要将这些变成具体、生动、直观的符号载体。例如，在村落民居建设的过程中，要注重体现地域文化特色和乡村文化特色。具体来说，应把握好以下几条原则：

一是在建筑理念上，要坚持保护自然生态环境的原则，使村庄回归自然特色，彰显中原传统农耕文化的自然品质。

二是在建筑风格上，要坚持体现民族地域和乡村文化特色的原则。

三是建立农村传统文化园，集结农村各种形态的传统文化。

总之，通过对农村传统文化的符号化，解读出它的历史年轮、演变规律，尤其是内在的精神意蕴，确保有效传承。

五、基于马克思主义视角的传承对策

（一）积极迎接时代的挑战

经济全球化和文化全球化的日益深入，使得我国优秀传统文化在传承上所面临的全球化挑战，不得不借助于政府、社会和科技等全方位的力量。

1. 政府应当继续推进本国文化的"国际表达"

其一,在推进文化传承与创新的关键时期,西方外来文化正不断涌入中国文化市场并试图占据高地,我国优秀传统文化应当对新媒体和新技术优势加以利用,并与当今时代数字化、信息化、网络化的文化传承趋势相顺应,从而推进中国文化的国际表达。在全球化时代,中国要对自己的文化品牌进行打造,即着力建设中国特色社会主义文化。

其二,在政治上实行"人文外交化战略"。政府应当对文化外交政策进行放宽,将民间力量结合自身力量。我们应当深刻认识到,唯有先让文化"走下来""走出来",方能形成底气,才敢于"走出去"。

"走出来",指的是中国外交文化中"文化"不应具有局限性,翻来覆去地囿于"武术""节日"等方面,应当对现有的优秀传统文化宝库不断更新、总结,让更多优秀传统文化向世界各国传播。

"走下来",指的是在"走出去"的同时,政府应当与社会大众有更多结合,对社会大众的智慧力量进行集中,从而形成本国文化国际表达"百家争鸣、百花齐放"的良好态势。

2. 文化企业借助"第三次工业革命"的技术力量

第三次工业革命既对信息科技、网络科技的爆发力予以强调,也暗示着世界即将进入新时代,开展全新的全球化合作。对于第三次工业革命而言,互联网技术无疑是一大支柱。当前,我们正处于文化全球化的大环境之中,各民族文化有着日益频繁的沟通和交流,这也将更具现代化的传承载体提供给我国优秀传统文化,并为之带来文化共享的机遇。

当然,这里所说的"文化共享",并非指的是要消解文化民族性。其真正含义是克服文化传承所受到的种种制约(如科学技术、制度因素、地理位置等)而产生的共享。

毫无疑问,互联网是崭新的文化载体,一方面,互联网让文化密切联系于信息技术,从而将有着更为广阔前景的信息文化产业发展壮大,让传统文化克服了因制度、传播、地理等制约而产生的惰性，互联网以一种全新的交往方式、生产方式，对各种文化的相互影响、相互交流起到促进作用。另一方面，在当今各国文化拓展、文化竞争过程中，互联网也是一种"新式武器"，能够实现文化力的有效增强。

站在科技革命的潮头浪尖，人们愈发对合作予以重视，对"和合"进行强调，这在一定程度上也能够为我国优秀传统文化传承与发展提供和谐环境。当然，我们也必须注意到，在由工业社会向信息社会时代转向的过程中，人们必须秉持开阔的视野和眼界，更好地传承我国优秀传统文化。

3. 多方力量推进优秀传统文化的产业化建设

在集中力量建设优秀传统文化产业化时，应当在资本投入方面多向优秀传统文化倾斜，真正做到"多管齐下"。要以合理科学的产业制度为指导，发动社会多方力量（特别是民间力量）对"产业化"的共建进行参与，让经济成为传承优秀传统文化的基础与前提，切实将文化凝聚力与经济融为一体。

在这里，我们重点对民间力量的发挥进行分析。民间文化传承者应当不断发挥积极性、主观能动性，对民俗文化区的文化资源进行科学合理利用，对当代涌现的新文化元素加以学习，并在草根文化、民俗文化中融入这些新元素，开设能够体现自身地域特色文化的"大学堂"。具体而言，文化传承者应当依托丰富多样的宣传手段，将本地域学习者或非本地域学习者聚集起来，对该地域的优秀民俗文化进行学习，由点及面、层层深入、步步推进，逐渐"做大做强"，吸引更多外来文化，使之投入该地域特色文化之中，最终实现该地域特色文化的发展壮大。

（二）运用马克思主义理论推进文化传承理论研究

1. 坚持马克思主义引领理论研究

一方面，立足观念角度来看，"对观念的普遍性进行承认"是文化传承的理论依据。假如道不同便直接拂袖而去、不相为谋，理不通便直接一刀两断、各自为政，文化世界必然矛盾丛生，不会存在和谐状态。我们应当承认，在不同阶层、不同阶级、不同历史时期，人类社会在道德观念、价值观念以及思想文化的某些方面，都具有某种普遍性或者一致性，而这正为"文化传承即文化继承性"的论述提供了理论支撑。

马克思主义哲学观点明确地告诉我们，特殊性中蕴含普遍性。之所以中华民族五千年文化能够百花齐放，其原因是中华儿女心中有着一致的民族梦想、共同的国家目标。基于此，中华优秀传统文化才未曾断流，能够世代绵延、传承，并不断被中华儿女发扬光大。所以，从思想的大方向看，在对中华优秀传统文化进行传承时，应对"一体多元"予以坚持。

所谓"一体"，是坚持用马克思主义方法论、世界观对文化传承与创新进行指导，有鉴别地扬弃和吸纳域内文化、域外文化、现代文化、传统文化。

所谓"多元"，是坚持以马克思主义为指导思想，坚持遵循社会主义核心价值观，基于此允许不同文化思潮平等沟通、交流。在对中华传统文化进行传承时，传承主体应当树立这样的自觉意识，还应坚持实事求是的自觉意识，主动辩证地、有效地传承优秀传统文化。

我们应当真正内化其价值与思想精髓，使之入心入脑，帮助人们将正确的价值观、人生观、世界观树立起来，再让优秀传统文化向实际回归，在实践中对其加以证明与检验，同时真正产生实效。

当然，对优秀传统文化的内化、消化不是轻轻松松就能完成的，而需要真正下一番功夫。我们既要对我国传统文化的宏大系统进行认识，也要历经一番思想上的抗争与挣扎，方能真正将优秀传统文化沉淀心底。唯有做到"内修于己"，方能实现"外达于人"。

2. 坚持内涵型的文化传承理论发展道路

何为"内涵型文化传承理论发展道路"？究其本质来说，就是文化发展——尤其是我国优秀传统文化发展与传承——应当与时代潮流相顺应，与社会发展趋势相符合，能够遵循文化发展规律，对道路自信、理论自信、制度自信、文化自信予以响应。

坚持文化制度自信，就是坚定不移地秉持社会主义核心价值观信仰。我国社会主义核心价值观的确立，并非某一天轻轻松松决定的，而是经历了漫长的确立路程，既要考量社会主义核心价值观是否契合于中国特色社会主义发展要求，又要使之衔接于人类文明优秀成果，衔接于中华优秀传统文化。因此，我们要坚定自身社会主义核心价值观信仰，树立文化制度自信，坚定不移地走内涵型文化传承理论的发展道路。

坚持文化理论自信，就是坚定不移地遵循马克思主义的理论指导。其一，对于坚持文化理论自信而言，对马克思主义进行学习，对其科学的方法论、世界观加以掌握，是其理论要义。再要更好地传承、创新中华优秀传统文化，就要对"古今中外"予以兼顾，只要是能被辩证地吸收，供中华传统文化使用的，不管是现代文化思潮还是古代文化思想，不管是西方文化理论还是东方文化理论，都能够成为文化理论宝库的瑰宝，让中华优秀传统文化有更牢固的地位。其二，墨家、道家、儒家的思想，本就是中国拥有的珍贵理论，"敬、恕、和、耻""兼爱非攻""天人合一""修身齐家治国平天下"等思想，都是基本的社会道德价值，对于"坚定文化理论自信"来说，发挥的作用是十分重要的，甚至具有决定意义。

坚持文化道路自信，就是坚定不移地走内涵型文化发展道路。在市场化与全球化大潮中，文化传承也应当对文化"又好又快"的发展路线进行践行，并坚信中华民族能够凭借中华优秀传统文化的影响力，在世界民族之林屹立。

（三）正确培育文化心理环境

对于文化传承而言，"文化心理环境的健康"是其能够顺利进行的智力支持与精神动力。正确培育文化心理环境，就是要培育文化传承主体的心理与精神，既要使之拥有现代化意识，又要使之摆脱传统意识桎梏，牢牢把握其对传承的民族性。

1. 传承主体要有文化自觉意识

如前所述，2005 年，费孝通先生提出了"文化自觉"一词。文化自觉，从字面意思上看，就是"文化的自我觉醒"，在文化方面拥有"自知之明"。想要树立文化自觉意识，我们就要对中华文化进行全面而深入的了解，不仅要知其然，更要知其所以然，要批判地分析外来文化，实现取长补短，尽最大努力确保异域文化与本土文化的和谐共赢。

拥有"自知之明"，是对每位国民身上折射出的现代素养的考验，也标志着本民族由传统走向现代化的文明高度。因此，每一位国民身上都肩负着民族优秀传统文化的承载和传播的重任。

3.国家应胸怀文化传承理想

自古以来，中华民族都非常重视传统佳节的氛围营造，从而实现人民群众文化底蕴的提升。

举例而言，我们会在春节张罗一桌年夜饭，大扫除、贴春联、发红包；在端午节吃粽子、赛龙舟；在中秋节吃月饼、赏月等。一方面，我们要善用传统节日培养民众的文化素质，这也是优秀传统文化在传承过程中的重要途径。但节日只是推动文化传承与创新的契机，节日过后的反思与行动才是更值得民众去回味和付诸实施的，这就需要下一番苦功。另一方面，五千年的优秀传统文化由五十六个民族共同创造，各地区潜藏着有待挖掘的丰富的文化教育资源，应根据各地不同的优势建立各种文化教育基地进行宣传教育活动，也是值得尝试和推广的。

文化是一个民族区别于另一个民族的重要表现。从国际上来讲，要让外国人真正了解中国，应让中国传统文化"走出去"，特别是让对于建设和谐世界有利的优秀的中国传统文化思想"走出去"。这就要求在促进文化传承时，国家应胸怀"人往高处走"的志向，同时，应尽可能创造符合外国人口味的文化"普世"形式，让外国人记住并认可具有中国特色的文化，进而树立中国在国际上的地位。

第五章　中华优秀传统文化传承与发展的创新

中华优秀传统文化的传承与发展需要在现实社会中进行融合和创新，本章就从中华优秀传统文化的叙事媒介传承与发展、科技文化发展、教育改革、旅游文化产业发展四个方面阐述中华优秀传统文化传承与发展的创新体现。

第一节　中华优秀传统文化的叙事媒介传承与发展

一、叙事理论基础

（一）叙事学界定

"叙事学"（Narratology）在我国学术界并不是原生词语，该词语的正式学科意义大概于20世纪60年代出现在法国的学术界，正式的名称于1969年才被法国学者茨维塔坦·托多罗夫（T Todorov）提出。在当时，孕育和促进叙事学面世的是结构主义语言学。

结构主义的主要意义在于：它把"叙事"作为一个独立的观念来看待，而不是像传统观念那样将其视为文学和小说的附庸。在结构主义之下，叙事的价值超越了"学科"和"媒介"，成为一种符号现象。从叙事学诞生之后，叙事概念的体系越发独立，有许多语言学、文学和哲学领域的学者都将其作为一个专门的研究对象来分析，总而言之，叙事学是被作为一个单独的学术方向来研究的。然而，这只是叙事学演化的法国传统，另一个则是稍早的德国传统。戴维·达尔比指出，叙事理论可以直接追溯到1955年，莱默特和斯坦泽尔撰写了叙事学研究的论著，领先《交流》杂志十多年，只不过这二人的德语著作没有及时在英语世界传播并产生影响。迈斯特认为，虽然托多罗夫于1969年首创了"叙事学"一词，但是叙事学的概念史和学科史之间并没有直接的联系。比如，德语学术界在20世纪50年代就已经确立并使用"叙事理论"和"叙事研究"这些术语，更早的俄国形式主义则使用"散文理论"，此外还有我们熟知的美国的小说修辞学传统。

伴随叙事学的诞生，叙事作为一个旅行概念也从其文学家园走出，迅速穿越各种学科边界，尤其是从具有特别亲缘关系的领域如历史、哲学、电影、民俗学等渗透到相对疏离的学科如教育学、社会学、法学、心理学，甚至自然科学如医学、认知神经科学等。克雷斯沃思将这种现象概括为"叙事主义转向",即滥觞于20世纪70年代且至今仍在积聚能量、势头强劲的,对叙事及其理论化的巨大的、史无前例的兴趣爆炸。克雷斯沃思自20世纪90年代起就着手追踪叙事转向问题,从期刊、论著、体制等方面梳理叙事研究的演变脉络。叙事在各种话语形态中成了一个"元概念",因其不同的学科体制和知识立场,研究对象从文学文本扩展到各种非文本叙事形式,研究视角突破了最初的符号叙事学模式。

人们对叙事有推崇和抵制两种态度。按照克雷斯沃思的说法,推崇叙事的有叙事自然主义,如布鲁纳、特纳等人,将故事视为一种思维方式和认知过程;叙事建构主义,如利科视叙事为时间性之体验;叙事伦理学,如麦金泰尔、泰勒强调自我与身份的故事化思想;以及社会政治叙事主义,重视关于性别、阶级、族裔的小叙事。抵制叙事的立场主要有两个方面:一是反对叙事霸权,怀疑叙事的底层时间与因果链接及其传播的自我权威化语用学;二是认为叙事是虚假的、虚构的,是某种强加在前叙事或非叙事的现象上的东西。克雷斯沃思指出,区分叙事知识的价值和真实主张,是一个不断困扰人文科学叙事转向的问题。鉴于叙事二价性或二重性(即叙述和背述),人文科学学者并非总是能决定他们在讲述故事的哪一部分、重点在哪里,尤其当故事的效果是在真实主张的情况下。因此,一个最重要但以前被忽视的问题是,区分叙事及叙事理论在这些不同学科的使用方式,确定讲述和背述在哪里、权威在哪里。

总的来说,叙事研究乃是许多学科兴趣交汇的领域,叙事学发展不可能被描绘成简单的线性历史。因此,不妨把叙事学或更广义的叙事研究看作一个跨学科的理论矩阵,朝任何方向的一点运动就能生成新的探索焦点和工作方法。

(二)叙事理论研究的发展历程

随着相关理论的持续发展与成熟,叙事艺术的应用范围也越来越广泛,不仅被文学和电影创作领域的学者大量借鉴,还在数字媒体艺术发展中发挥了独特的作用。叙事理论的学术体系也在持续地完善和填充。无论是国内,还是国外的叙事艺术学科,其关联内容和研究成果都已经足够支撑起完整的学术系统,学者们围绕媒介演变这一主题展开研究,并逐渐拓展到了叙事学的跨学科研究,开始探讨人类文学的传统沿袭,预测未来发展方向,并基于研究成果,尝试通过理论来反映跨学科叙事学的探讨主题和理论模板。

1. 印刷媒体传播时代的叙事研究

如今,叙事学已经成为了正式的独立学科,不过在诞生之初,它受到了许多学术理论的启发和促进,比如,瑞士语言学家索绪尔的语言学和结构主义理论、20世纪早期在俄国盛行的"形式主义"文学批评思潮以及直接在理论体系上继承前两者的布拉格学派。

总而言之,20世纪60年代是结构主义繁荣发展的时期,在这一宏观背景之下,叙事学理论得以产生并顺利发展,并在学术界快速推广。1966年,法国巴黎《交际》杂志以"符号学研究——叙事作品结构分析"为主题,设置了杂志专栏,并面向学术界乃至全社会发表了一系列专辑论文,叙事学理论由此诞生。对于如今的文学探索领域,叙事学已经成为了一个相当重要的论题,为广大文学研究人员所瞩目和深思。在叙事学的范畴内,文学术语和规定都变得相当清楚,人们可以凭借系统化的方法分析和论述文学文本内容,更加清晰地解读文本内涵。正是凭借这样的优势,叙事理论逐渐被视为一种"批评的元语言",被广泛应用于跨媒体和跨学科等学术领域。

进入20世纪70年代,结构主义叙事学已经具备了相当可观的学术规模,理论成果得到了越来越多的认可与应用,到20世纪80年代,结构主义叙事学成为了"经典叙事学"。

受到结构主义理论的引导和启发,很多学者都围绕文本批判这一中心展开研究,把"故事"层面选为叙事学学科重点探讨的对象。但是,时间一长,停留在故事层面的叙事研究同样显现出了各种角度缺陷,为了改进研究方式,叙事学家逐渐加入了对叙事话语层面的分析,也就是故事的讲述方式,具体涉及故事发生的空间地点、时间范围、语言时态、句式结构、人物语气和表达习惯等。前文提及的托多罗夫(这是他后期的研究内容),以及法国文学理论家热拉尔·热奈特

（G.Genette）、美国电影与文学批评家西摩·查特曼（Symour Chatman）、美国宾夕法尼亚大学的法语文学教授杰拉德·普林斯（Gerald Prince）等都是该研究范式中的突出研究学者。其中，托多罗夫在1968年首次提出了叙事学的准确定义，即所有与叙事结构有关的理论。叙事者如果希望寻找或利用叙事结构，就可以考虑拆分需要描述的现象，将其视作分散的组件，之后再尝试分析各个组件的独特性能，找出它们彼此之间的逻辑关联。在托多罗夫理论面世之后，热奈特于1972年面向学术界发表了自己的著作《辞格之三》，在本作中，《叙事话语》一篇将普鲁斯特的长篇小说《追忆似水年华》作为案例分析其叙事手法，提出了一整套完整的叙事作品分析理论，开创了系统化的叙事研究体系。

2. 电子媒介传播时代的叙事研究

叙事学的发展和演变相当迅速，它的研究范式仅仅在完整理论面世后的半个世纪就拥有了极其显著的地位，并且逐渐调整和转移着自身的研究范式：经典叙事学原本关注的内容是故事与话语，但到了20世纪80年代末、90年代初的时候，它的研究方向出现了明显的转移，自身的定位也有所变化，已经过渡为"后经典叙事学"，由以往的"探究拥有普适价值的叙事语法"朝着"深究叙事和时代潮流、社会背景、文化观念、历史传统、面向的读者群体和其他学术范畴之间的关联渠道"的学术目的发展。在传统叙事学的概念之下，叙事方式往往都被人们视为一个包含着纯粹的形式意义的概念，但是并不认为叙述的方式可能影响到事件本身的性质。

美国哲学博士海登·怀特（Hayden White）长期从事文化、历史与哲学研究。在学术生涯的后期，他总结了自己长达40多年的学术研究结果，创作了《后现代历史叙事学》这一著作，在本书中，海登·怀特针对"叙事"提出了自己的独到看法：叙事自身的性质以及其他的限制性因素，决定了它不可能把某个固定的事件完全忠实地向阅读者还原出来，仅仅能够担任"中性媒介"的作用，这种问题并不仅仅会在讲述真实故事时会出现，即使是讲述虚构的故事，一样不能做到百分之百的还原——因为凡是叙事性内容，都会有意识或无意识地融入作者个人的理解与情感，受到作者自身表达习惯的影响，在种种因素的作用之下，叙事的文本必然出现多重意义。不仅如此，读者与用户的直观体验、个人思考和文字参与都会影响数字时代的叙事形式，所以，如今的叙事系统已经成为了一种开放式的语言环境。

20世纪以来，关于叙事的理论研究，从最初的经典叙事学演变发展至后经典叙事学，已经构建了一套十分完整的研究系统，与之伴随产生的种种理论成果和创新思路同样为学术界创造了更多解释新现象的角度。比方说，在发展和演变的过程中，叙事理论受到了来自小说、影视等领域的叙事学研究成果的广泛启发，20世纪60年代，有一部分研究人员已经尝试在电影研究中运用叙事学理论作为指导，电影叙事学由此诞生。如加拿大学者安德烈·戈德罗（Andre Gaudreault）和法国学者弗朗索瓦·若斯特（Francois Jost）就专门从事这方面的研究，并合著了《什么是电影叙事学》一书，比较详细地定义和阐述了电影领域的叙事。在此之后，数字媒体艺术中的影像语言受到了电影叙事理论研究的极大启发，获得了颇具参考价值的研究思路。其中，电影叙事学所提出的有关叙事时间和空间的观念都拓宽了学术探讨的思路，为许多电影人带来了启发。

3. 数字媒体传播时代的叙事研究

叙事学的跨学科研究起步也相当之早，荷兰学者米克·巴尔（Mieke Bal）曾经出版著作《叙事理论》，在该著作的第四卷中，巴尔提出叙事学具有明显的"跨学科性"，要求叙事者把重点放在还原真实事件、尝试社会性叙事、认识自身在叙事中的身份形态，并且特别关注了音乐电影的时间性等方面。

美国学者詹姆斯·费伦（James Phelan）也曾经和许多学者联合开展以叙事理论为主题的学术研究，并联合编著了《叙事理论指南》一书，该书收录了大约10篇与叙事理论跨学科方向有关的文献。以色列学者里蒙·凯南也把包括历史追溯、精神分析、法律原理在内的多个学科的内容与文学叙事进行结合研究，开展广泛的跨学科理论分析。

理论发展至当代，叙事研究的角度已经出现了很大的改变，原先仅仅局限于单一的叙事学角度的研究已经在跨学科领域取得了广泛的成果，并且加入了针对其他学科和领域的方法与概念的借鉴。此外，该课题的探讨领域也随着新概念、新学术的发展而愈发宽泛，如传播学、社会学、计算机理论、新媒体艺术等理论内容都为叙事理论的跨学科研究提供了借鉴和选择的余地，为跨学科叙事学术体系的进一步发展提供了充分的落脚点和依据。

在当代，随着学术理论的普及和大众思维的转变，已经有越来越多的人开始关注叙事研究在不同领域发挥的作用和关联方式，包括社会研究、文化理论、历史沿袭、最新科技等领域。"文化"定义之下的叙事作品大都接受了后经典叙事学的分析和解读，或者说，无论是什么样的文化产品，凡是被认为体现了"叙述性"的特征（不管其具体采用了什么样的媒介方式来表达），都被后经典叙事学纳入了研究的范畴。此外，该研究还在当代文化研究中的新衍生理论——媒介观与受众观中获得了更加新颖的研究思路和角度。后经典叙事学已经不满足于针对作品本身的探讨，逐渐把关注点转向了读者和文本的沟通互动作用，并致力于分析文本结构引发读者反应的过程。

从某些思考角度来说，数字媒体艺术可以被视作后现代理论的"实质性的再呈现"，与文本作者、作者定位和再现等都有着密切的联系。从20世纪60年代，叙事理论正式面世之后，相关的学术内容经常关联媒体艺术等学科，交互联动、相互启发，并为文化科学领域带来更多新颖而独特的启示。其中的代表人物有法国文学家和思想家罗兰·巴特（Roland Barthes）、后现代理论家鲍德里亚（Jean Baudrillard）和解构主义的突出人物雅克·德里达（Jacques Derrida），分析这些学者的著作就可以发现，其理论内容和分析数字媒体之间存在着一定的关联和相似性。比如，由罗兰·巴特完善的"互文性"概念（该概念最早由法国符号学家和后解构主义批评家茱莉亚·克里斯蒂娃在20世纪60年代提出）就十分清晰地阐释了数字超媒体所包含的变化多样的层；再比如鲍德里亚最著名的"拟像"理论，在此概念的引导下，研究者可以十分明白地归纳总结数字媒体所拥有的种种虚拟特征。

数字网络技术在 21 世纪不断地发展和演化，技术水平的提升促进了许多抽象概念的实现，一些原本只会出现在叙事文论中的术语和观念都得到了事实印证，包括超文本、互文性、去中心、路径、幻象、镜像等；经典叙事学还采用了很多数学领域的思维，这些概念也都在计算机应用领域得到了体现，具体形式包括人工智能、电子游戏、虚拟角色等。

经典叙事已经不再局限于经典叙事学的文学和文字叙事之中，研究方法越来越呈现出多元化的趋势，研究范式被要求契合语境化与动态化的要求，将研究的重点集中在社会历史语境对叙事结构发展演变的影响和作用方式上。

叙事社会学是叙事理论的衍生学科，它将叙事看作社会行为的一种，主要研究方向是发掘不同社会语言环境背景之下的叙事意义。另外，该学科还有一个比较重要的现实依据：叙事是目前社会学文献和分析中广泛使用的表达形式。

本节以下篇目的理论基础均为经典叙事学，把优秀传统文化传承这一宏观的叙事分析框架作为背景和支持，在社会历史语境之中具体分析叙述性文化成果，而非单纯孤立地解读叙事文本或传统文化。

二、叙事媒介助力中华优秀传统文化的传承与发展

（一）中国传统故事的现代化建构

现代化的文化语境是中国传统故事在新时代传播的固有背景，应当加以分析和利用。从 2006 年起，我国越来越重视非物质文化遗产的保护与传承，开始致力于建设完整的非遗保护体系，涵盖国家、省、市、县四个等级，非遗的保护与传承项目被划入国家管理的范畴，公共话语体系也逐渐重视传统文化故事讲述和流传的分量。目前，我国非物质文化遗产项目已正式纳入中国传统文化故事这一形式。

中国传统故事性质正发生着显著的变化，最初仅仅是一种地方性、民间性的文学形式，后来在文化角度逐渐被赋予了政府性和公众性，在城市发展规划中承担了社会文化符号的意义，并且寄托着各地人民对本地文化的思考和关注。

1. 静态叙事：传统文化故事与地域景观的互构

在以往的叙述模式中，传统故事都是通过一代代人之间进行传播和继承的方式，虽然这是比较原始的方法，但在该继承模式之下，传统故事依然保持着生生不竭的生命力。

然而，在当今社会中，口头相传的方法显然已经过时了，它的传承稳定性和传播广泛性都无法与纸质媒介和电子媒介相比。此外，传统文化故事的传承还应该体现在实际的文化活动之中，例如，当地的民间习俗行为、传统节日活动、民众朴素信仰习惯，包括当地的自然景观与人文景观都可以和传统文化故事产生联系，这样一来，传统故事才能一直在现实生活当中维持鲜活的生命力。

为了突破本土传统文化故事的地域限制性，有必要将其和地域景观结合在一起，构建文化传播坚实而通畅的桥梁。在一座城市的建设和发展进程中，打造优质的传统文化故事的景观化，能够为城市文化的构建与传播带来新的资源和力量，塑造整个城市的文化名片和景观品牌，打造优质文化旅游资源。如果实现了这层目的，城市就可在向大众展示自身的文化形象时充分利用传统文化故事的价值，将其作为本土文化的代表，赋予传统故事更加深刻的社会性。

地域景观的内涵是多样的，它并非一个单纯的物理存在，是连接着传统故事的文化意义，二者共同构成关联结构。从地域景观的定义和产生来看，它的出现依托着传统故事赋予的文化象征，拥有比普通景观更加充实的人文积淀；而从传统故事的继承与表现来看，它又从地域景观处获得物质寄托和现实体现形式，地域景观用直观的方式，在无形中阐述着传统故事的内涵，丰富故事形式，拓展故事内容，将故事的叙事结构深化重组，为一代一代的人巩固文化记忆，强调本地人的身份认同。所以，传统文化故事的叙述方式应该在新时代有所变革，不能再单纯以口头相传的形式，应该用更具体、更直观的方式来承载故事内容。比如，将地方空间作为寄托物质、体现故事素材，并以更鲜活的形式再现传统故事的情节。

每一个城市都拥有自身独一无二、源远流长的文化，正是这些文化为城市带来了与众不同的精神面貌,并打造了多姿多彩的人文景观和本土建筑,以及别出心裁的文化产品,造就了当地人个性鲜明的生活方式。在文化的演变和发展中,民间故事与各地的地域景观紧密相连,在同一片区域内共生共进、相互成就,为人们带来历久弥新的文化内涵,在一代代人的心中留下隽永的地方文化记忆。

2. 动态叙事:传统文化故事与地区文化建设双向赋能

文化是"活"的事物,要在人们的认知中才能继承、实践和传播,一个地区的文化要由当地的普通大众承担文化继承与传播的主体,城市的居民就是该市精神文化的缔造者,并在经济、文化活动中将本城的精神面貌展示给更多的人,传承和发扬本地的文明。

在传统故事的叙事中,存在着一种双向驱动的结构,由文化体验和文化传播两个要素共同构成。文化体验与文化传播最基本的方式之一是社区民众的文化活动,相关人员精心策划种类多样、内容充实、形式创新的文化活动,能够与社区文化建设实现双向赋能发展,有助于构建崭新的文化传播环境,让传统文化在新时代背景之下获得更加有效、更加宽泛的寄托形式和传播路径。

为了在现代更好地传承和弘扬传统文化,需要使其表达方式更加符合现代人的生活和观念,以通俗直白的大众文化形式体现古典文化的内涵。许多符合"仪式感"要求的文化活动也可以成为文化传承的载体,比如,公开讲座、艺术展览、城市文化展、读书分享会、故事讲堂等,这些不仅能够丰富民众的精神生活和文化生活,为城市带来浓厚的文化气息,还能让普通人更加积极地参加文化活动,使人们在文化艺术领域的精神需求获得更充分的满足,同时,文化活动还会影响每一个社会成员的生活方式与生活观念。

文化故事往往来源于劳动人民的生活体验和精神追求,本身就与人们的朴实生活愿望有着千丝万缕的联系,所以,对于普通民众来说有着天然的吸引力和认同力。在此基础之上,文化学者们可以进一步分析传统文化故事的内涵,从更加深刻的历史角度和文化角度诠释故事的形成历程和内在文明特征,从故事情节与意象中提炼文化精神,并向社区民众讲解研究的结果,让"看热闹"的普通人也能"看门道",从故事情节中体会古代人民的精神世界和本地文化的发展流程,这无疑能为文化的传承付出更加深刻的贡献。

以实例说明:在济南市国际合唱节上,曾有表演者以李清照和辛弃疾(这两人都是济南本地的历史文化名人)的名作《如梦令》《破阵子》为创作灵感和原型,创作了优秀的合唱曲目,作品内容融入了词人自身的生平经历和创作的历史背景,结合传统音乐调式和现代音乐演奏方法。该演出不仅体现了传统文化在新时代背景下的创新,还十分自然流畅,没有生搬硬套的缺点,在演员与观众之间完成了"跨越时空"的交流。类似的创作无一不以文化价值丰富、内容积极深刻的民间故事为题材,深入探究既成文本中蕴含的精神观念,添加合理的艺术加工,用贴近现代人行为习惯和日常生活的形式寄托传统文化理念。广泛开展文化活动,让高雅文化走入学校、走入社区,增强民间故事的叙事表达,让传统文化在当代展现新的生机。

(二)基于叙事设计视角的古籍数字平台设计

1. 叙事理论与古籍数字平台叙事设计要素

叙事活动的历史十分久远,几乎可以说是伴随着人类活动的出现而诞生,人们借助直观视觉、口头表达和书面文字等方式来感知事物、理解其中的规律、相互交流并表达自己的观点。

"叙事"这个词语的含义是双方面的,它包括了"故事结构"和"话语表达"两个角度,"叙"和"事"分别对应着该行为的两个构成要素:前者对应讲述行为,后者对应所述的对象。叙事学会影响叙述内容的设计,二者彼此结合,共同孕育了"叙事设计"这一概念。

所谓的叙事设计,是指一种设计方法,围绕用户认知和交流的设计展开,它的基本形式是人们常说的"讲故事",集中组织、调配并最终还原一系列的事件运作单位,由此满足听众、读者或观众在物质和精神层面的需要。

正如前文所阐述的,叙事学的发展阶段分为两部分:分别是"经典"阶段和"后经典"阶段。在经典阶段,叙事学的主要关注和研究叙事作品内在的构成要素、各要素之间的关系和叙事的组合规律。到了后经典阶段，叙事学的研究重点转移到了文本结构的运行规律和影响作用上，学者们开始探讨文本的内部叙事特征是如何影响文本外部读者的阅读体验，并分析不同读者阐释文本的思维习惯，以及研究二者之间的相互作用。总之，学科的主题由叙事本身逐渐转向了外部环节，开始考虑阅读主题和叙事环境发挥的作用。

古籍数字平台的开设目的在于保护和继承传统文化信息，使传统美德和地方精神在新时代得到传递和发扬。平台建设的主要方式是：用数字化的方法整合和保存古籍资源，经过合理的开发安排，用电子平台向公众展示古籍信息，之后还可以借助网络媒介推广内容，同时辅以查询、阅读、交流等多元化的服务或功能，让更多的人了解当地的古籍文化。

从前文所提到的"叙述理论"来看待古籍平台的建设：如果从经典叙事学的理论角度来分析的话，"故事"就是狭义上的叙事，故事层面的事件和故事展开的结构和外在语言上的表达倾向和措辞习惯等都是经典叙事理论的研究方向。因此，从这个角度来看，古籍平台的叙事设计需要考虑和采取合理的叙事方法，使读者更好地领会古籍文献的内容，感受到古籍自身承载的历史因素和文化积淀。

而如果依据后经典叙事学的理论分析古籍平台建设，那么就应该更多地考虑古籍内容和数字媒介的承接关系、用户在平台上获得的感受和体验等，因为广义上的叙事将侧重点放在作为主体的"人"和作为客体的"物"之间的联系与作用上。基于当代文化的沟通和传递语境，相关工作者应该在透彻地理解古籍内容之后，用更加便于理解的方法阐述文本，向平台用户直观地再现，从而帮助更多的人理解古籍所传达的信息、叙述的事件以及包含的文化内涵。要考虑用户的观念、习惯与感受，在平台和用户之间建立起畅通的关系，在新时代文化环境下保持古籍原本的价值，发扬其中的崇高精神，让用户在获取知识的同时领会更加崇高的文化感悟，得到心灵的享受。

2. 古籍数字平台叙事主题

在现代汉语中，"主题"这个词被解释为：贯穿于整个作品之中的核心要素，包括作品的中心思想或者主体内容。叙事者必须先对叙述的事件有准确的定义，之后才能合理设计叙事结构，这一过程就等同于确立叙述的主题。

在叙事结构的设计经过中，古籍内容的选取、分类和安排都会受到所选主题的影响，平台采用的叙事结构布局、实际的呈现方法都会根据叙事主题而调整。综上所述，设计师在工作中应该充分考虑古籍文本的主题，按照该要素设计和古籍内容最契合的阅读场景，突出文本主题的概念。总而言之，在完整的古籍数字平台叙事设计实际中，叙事主题是一个贯穿始末的核心要素，对其后每一个叙事要素的安排和表述都产生着引导作用，基于全局化的视角，为用户表达某种特定的感情、信仰或者价值观念。

我国在悠久的历史进程中积累了卷帙浩繁的古籍，其中蕴含着丰富多彩、博大精深的文化内涵。要建设精细完备的古籍数字平台，相关人员首先应该分析自己目前掌握的独特文献资源，以及本平台和其他古籍平台之间的显著区别，从而为用户提供独到的参考价值与文化价值，最终确立一项与众不同的文化主旨，争取赢得广大（潜在）读者群体的阅读和使用兴趣，让平台获得厚重的历史气质与人文情感，并在阅读体验中给予读者文化应有的厚度和温度。

分析目前我国各地公共图书馆所建设的地方古籍数字平台，我们可以发现，不同地区所掌握的地方古籍都能体现鲜明的时代特征，不仅承载着地域的文化色彩，还能够充分彰显地方的特色文化和风土人情，所以，在确定平台主题的过程中，最为关键的步骤就在于总结和体现地方的文化特征。

我国部分城市和地区近年来开始逐渐重视文化数字平台的作用与建设，并试图使这一形式成为记录和宣传地方文化的网络空间。所以，古籍平台的设计人员在探索合适的平台主题时，还可以分析该主题的内在普及价值，有条件的话，可以尝试将其进一步塑造成所在城市的文化"名片"，面向全国推出本地独特的文化品牌。

3. 古籍数字平台叙事场景

（1）搭建感官场景。感官场景是古籍数字平台中十分重要的构成部分，它的主要功能在于：借助视觉符号和听觉符号固有的能指与所指意义，激发用户主观上的认同和共鸣,让主题叙述和文化内涵的传递获得更加可靠的媒介。

在塑造感官场景的实践中,设计者可以考虑形状、声光、配色、样式等多个感官维度,在其中融入富含中式古典韵味的设计要素,彰显国家和民族特征,借助视觉设计,让用户近距离感受到"中国风"。很多看似不起眼的事物其实都能让用户体会到浓浓的文化特征气息,如印章、信纸、砚台、毛笔、卷轴、匾额之类。

以广州数字图书馆设立的"广州大典"为例,平台的许多构成组件的设计要素中都加入了中式古典回字纹这一视觉元素,并将棕色作为整个平台的基本色调,给人以厚重、古朴和典雅的感觉,并与古籍自身的泛黄色调形成照应,有些页面的背景还采用书籍纸张的纹理作为修饰,更加衬托出一种历史悠久、沧桑厚重的质感。

除了基本感官元素的使用,特色文化也是古籍平台建设中的重要元素。设计师可以首先分析平台定位的主题取向,从古籍中寻找富有本地特色的文化成分,将其作为平台建设的基础,在此前提下更加有效地完成视觉设计工作。

以云南古籍数字图书馆为例,该平台的主要设计思路是充分借鉴当地佛教文化中的代表性文化符号和思想元素,根据这些内容完成视觉设计。再比如四川省图书馆古籍平台,在中医书籍这一主题下设有3个子主题页面,分别是医书、单方和药材,这3个页面的视觉设计都采用了和对应主题有关的元素。

还有一点,感官场景的设计不仅要考虑用户的视觉感受,还可以加入听觉元素,让用户获得更加"身临其境"的体验,这也是当下古籍平台建设相当值得考虑的一个方面。可以为平台加入古典风格的背景音乐,也可以在各种操作动作(如点击、跳转、翻页等)中加入一些有趣味性的触发音效,为了场景的构成要素增加灵活的色彩。

(2)搭建阅读场景。现阶段,很多普通读者具有的文化素质积累还不足以支持其直接阅读古籍、理解其中的内容。阻碍阅读理解的重要元素之一在于,古籍中的许多内容已经和当今时代有了明显的脱节,现代人很难凭借自身固有的知识体系来联系和理解古籍中的思想,经常在阅读体验中遇到理解困难的问题。所以，设计师应该充分考虑用户的认知和体验，通过合理的设计，帮助用户尽可能解决阅读过程中可能出现的认知难点与盲点，因此，可以在网站功能设计中加入辅助性的设置，为用户创造一个全面的、多角度的虚拟阅读环境，协助用户更加顺利地阅读和理解文本内容、拓展知识面。

对于古籍平台来说，阅读辅助功能的意义十分重大。简单来说，它既可以协助用户理解文本，也可以及时地解决其他需求问题。通过平台提供的阅读辅助功能，即使是比较复杂晦涩的古文文本，读者也可以顺利掌握，并在古今文化的联系和理解上减少困难。此处仍以广州数字图书馆的"广州大典"平台为例，该平台比较突出的阅读辅助功能包括"字典快查"和"纪年换算"两种，在阅读过程中，读者可以在阅读界面的边缘非常方便地调用这两项辅助功能，快速地获取关联资料，以理解文本中晦涩难懂的部分。对于用户在阅读实践中可能提出的各种其他更加详细的需求，也应该将其纳入阅读辅助功能的考虑与设计范畴，此处以湖北省图书馆古籍数字资源库为例，该平台能够为读者提供3种阅读方式（包括数字版阅读、影印版阅读和对照阅读），用户可以在阅读界面上缩放文本内容，操作非常灵活，用户可以依靠这个功能来辨认古籍稿件中一些比较模糊的细节。

知识拓展功能。可以帮助用户从某一知识点拓展延伸至相关内容，从而发掘出更多深入的故事内容，搭建完善的知识结构。如江苏文化平台与广西公共数字文化网都在内容详情页提供了关联链接的功能，例如，相关的地点、文章、文物、文献、音视频等，让用户能从一个节点发现更多感兴趣的内容，具备一定的探索性。

知识交流功能。为用户之间提供一个围绕古籍内容进行交流互动与思想碰撞的媒介，将用户与用户之间的知识体系关联起来。如云南古籍数字图书馆在古籍阅读页面提供了添加批注和添加评论的功能，鼓励用户对古籍内容提出问题、发表看法，同时吸收、采纳他人观点并融入自我的知识框架中。

4.古籍数字平台叙事呈现形式

（1）多样化的呈现形式。在数字技术的支持下，平台可以借助丰富的数字叙事语法，将复杂的原文内容转化为多种信息的呈现形式，例如，可视化叙事、古籍知识游戏、古籍VR互动、视频动画等方式，并结合交互操作、故事情节、视觉变化等加工手法向用户展示。以可视化叙事为例，该形式意在以故事叙述的方式，将信息和数据通过视觉要素向用户生动地呈现出来，信息传达更高效，且能提升用户的理解记忆。根据该技术本体的动态性、灵活性与可交互性的特点，结合可视化叙事模式的趣味性、丰富性和高效性的特征，设计师可以在该理念的指导下，为古籍内容的呈现，发挥设计创意。

（2）参与性的呈现形式。"互动叙事"的概念于2004年由克里斯·克罗弗德首次提出，他将其定义为交互性与故事叙述有机结合的产物。在现代叙事设计的组织中应更加注重接受者这一主体，他们不再被动地接收叙述内容，而是参与到其中。因此，古籍内容不应该局限于平台单向传达这一种内容呈现方式，还应该联合用户一起围绕古籍进行知识表达工作。通过用户参与和共创来丰富平台的叙事内容，同时，将这些用户生产的内容呈现给其他用户，从而打造极具参与感与互动性的内容呈现形式。

（三）传统文化类综艺节目叙事媒介传播

1. 媒介传递：顶层设计引领文化传播

为了更好地传承与传播传统文化，各媒体平台文化类节目呈井喷式增长，《国家宝藏》《上新了·故宫》以及河南卫视的春晚节目《唐宫夜宴》等，多元中国文化题材类节目一经播出便受到年轻群体的关注与喜爱。《典籍里的中国》的播出更让我们看到中国文化题材节目更广阔的未来。运用影视化语言吸引观众主动观看、学习优秀文学典籍，例如，该节目邀请大众心中认可的演员对古籍中的人物进行塑造，比如倪大红饰演的伏生、李光洁塑造的宋应星，王学圻、张晓龙分别扮演的司马迁，还有节目中穿越不同时空的当代读书人撒贝宁跟贤者对话等精彩环节。通过对人物与作品中的故事进行演绎，让更多年轻人感受中国文化中蕴含的文化精神与文化自信，在媒介的自我表达和分享的实际行动中，将古籍中的精神财富传承与发扬下去。

2.故事化叙事：展现传统与时代的碰撞

中华文化源远流长，古代先贤留下的宝贵精神财富一直流传至今，而面对时代的发展，一批文化类节目也正在以强大的文化底蕴上进行新媒体创新传播，用这些精神财富吸引年轻人的目光。中央电视台积极迎合时代发展，连续出品了《国家宝藏》《我在故宫修文物》《如果国宝会说话》等精品节目，收获年轻人的一致好评和广泛传播。

《典籍里的中国》播出至第四期，全网播放量便已达2.5亿。《典籍里的中国》将古典书籍的故事搬上舞台，节目通过现场演绎的方式将典籍中特定的历史情节展现给受众，塑造了一个个立体的人物形象，用沉浸式方式演绎了古代文人与当代年轻人的对话，营造出"故事讲述场"。而节目中的主持人也一改以往的形象，以当代读书人的角色参与故事创作。比如，在《典籍里的中国》"天问"一期中，主创人员呈现了屈原穿越到当下，目睹中国首个火星探测器发射成功的震撼场景。在舞台上，主人公屈原面对此情此景抑制不住内心的激动，反复吟诵着自己的诗词。这样的故事化叙述，简化了叙述结构，将观众带入故事，不仅展现出传统文化与时代的碰撞，让晦涩难懂的书籍"走下神坛"，也让更多年轻群体在收获知识的同时产生共情。

3.技术加持：数字技术下的形式创新

新一代年轻群体更乐于在网络中学习知识，而以传统文化为内核的综艺节目为了取得年轻群体的关注，也积极进行转型，运用新技术实现节目形式的转变。在节目播出中可以看出，节目组将传统文化与视觉特效、人工智能、数字技术结合起来，通过智能技术以及实时跟踪、环幕投屏等，使演员的表演和虚拟视效融为一体，带领观众"穿越时空"。在《典籍里的中国》第一期"伏生"中，节目组利用"时空隧道"将撒贝宁、伏生、大禹这三个不同时代的人物组合在同一时空，配合着舞台特效，呈现出一种古今对话的穿越效果。

第二节　中华优秀传统文化与科技文化发展

科学技术的发展水平,是衡量一种文化是否先进的重要尺度。先进的文化必须具有先进的科学技术文化。科学的本质就是创新,推进科技发展,关键要敢于和善于创新。在知识经济时代,科学技术在经济和社会发展中的作用越来越明显,国际的竞争已经成为科学技术的竞争,归根到底,成为科技文化创新能力之间的竞争。

科学技术是人类社会的一个带头性领域和重要发展方面。但是,科学本身也是在人类文化的土壤、基础和范畴中产生、发展和创新的,是由文化的力量推动其进一步地繁荣壮大起来,并纳入人类计划和理性的轨道。不仅是科学,包括政治、经济、法律、哲学、文学艺术、教育等,都是在文化的土壤、氛围与基础上孕育和产生的。

一、文化与科技的关系

（一）文化与科技的渊源

文化和科技有着深刻的渊源。如果说,近代科学革命只是向人们宣告科学是一种文化形态的话,那么,现代科学革命则是使人民强烈意识到科学实实在在就是一种文化,并且已经成为现代文化的一种标志。正是这两次科学革命,使科学实现了两次重大的文化转向:第一次,确立了科学文化的历史地位,以否定非理性文化的面目出现;第二次,开始领悟科学文化自身的历史作用,以否定至高无上的理性主义的面目出现,并显示了与非理性文化相整合的趋势。

可以说,科学自古以来就是一种文化,就是文化系统的一部分——人类考古学的成果对初民智力结构的揭示有助于说明:科学并非一开始就超群脱俗,"原始人的神话包括了它们的全部文化"。稍晚,才从中分离出宗教、科学、诗学和造型艺术。费耶阿本德甚至认为,神话的发明者开启了文化,而科学理性的捍卫者只是改变了文化。

在18世纪和19世纪，科学文化都是在牛顿力学所代表的规范与价值的引导下发展的，是第一次文化转向的深入、拓展和完成。到19世纪后半叶，艺术开始蠢蠢欲动地恢复文艺复兴时期的传统：重视科学，利用技术。古今中外这个传统曾有过丰富而颠簸的命运。中国的孔夫子提倡学诗时说多识于鸟兽草木之名，在他的讲坛上，科学和人文结合得天衣无缝。古希腊时期，科学家、诗人、哲学家是彼此相通，无法截然分开的。到了文艺复兴时期，借助当时从阿拉伯人做"二传手"学来的中国科学技术，这种思想浸润弥漫于整个画坛诗园。后来，在古典主义逼仄书斋里琅琅的书声中，它逐渐衰微凋零，又被浪漫主义诗情画意的美景和激情所冲淡稀释。

在20世纪初发生的科学革命，使科学发生了第二次文化转向。可以说，20世纪的文化，就是在科学的温室里发育的，就是在技术的酱缸里泡大的，就是在对于时空、关于物质、有关意识等的精密研究里长大的。第一次文化转向否定了非理性的东西，使理性高扬，使实验胜利。以相对论和量子力学为代表的物理学革命，则使人们开始怀疑科学是否真的像人们所想象的那么理性，实验是否真的具有最终决定作用，纯客观性概念是否真的毫无疑问。

科学文化也像人类的其他文化一样，分为器物、制度、观念三个层次：科学文化的器物部分是支撑科学的物质基础；科学文化的制度部分包括科学活动的各种建制；科学文化的观念层次是科学文化的内核。

中华民族有许多优秀的文化传统需要弘扬光大，同时也需要用科学来丰富和发展我们的文化影响。现在，科学技术同经济、社会协调发展已受到人们的普遍重视，我们认为科学技术还应同文化协调发展。只有科技、文化协调发展了，经济、社会才能得到发展。这在当前我们强调"科技是第一生产力"，以及全社会增强科技创新意识时，尤其显得重要。

（二）文化传承与科技创新的关系

开展和推广文化科技创新的本质要求在于，参与者必须实现文化和科技的有机结合，这一要求的核心要义在于持续提升科技成分在文化发展中的占比。要想实现这一点，就必须把建设文化科技产业链这一任务放在首要任务的位置，尽可能解决现有的重大关键性技术发展遇到的瓶颈，集中力量自主研发文化产业相关技术和装备，提高技术的集成应用程度。科技力的支持和促进在继承发扬中华民族的优秀文化、增强中华文化的影响力、表现力和传播力的实践中发挥着十分重要的作用，可以说承担着关键的意义。

纵观历史，人类文明本身就是一部文化与科技不断融合、互动演进的历史。文化引领时代风气并影响着科技的生成与发展，科技创新是文化发展的强大动力。从农耕文明到工业文明、从工业文明到信息社会，科技创新助推着文化的每一次革命性进步，都给文化的传承样式、表现形式和传播方式带来深刻变革；而文化的力量，都为科技的每一次跨越提供精神动力、价值导向和丰富内涵；文化与科技的每一次大融合，都推动着人类文明的飞跃发展。正如著名物理学家李政道先生所言：科学与艺术是一枚硬币的两面。当今世界已进入空前的创新密集和产业变革时代，科技发展孕育着新的突破，科技创新将从根本上改变全球竞争格局和国民财富的获取方式；同时，文化越来越成为民族凝聚力和创造力的重要源泉，越来越成为综合国力竞争的重要因素。文化软实力与科技硬实力的有机融合，必将产生一加一大于二的聚合裂变效应；文化发展与科技创新的双轮驱动，必将为加快转变经济发展方式、建设社会主义文化强国、实现中华民族伟大复兴发挥日益重要的支撑和引领作用。

二、科技创新对中华优秀传统文化传承发展的推动

（一）科技创新对丝绸产业和文化的传承

丝绸纺织技术是古代中国领先世界的杰出工艺之一。放眼全世界，我国是最早进行工序化的养蚕缫丝生产的国家，古代许多西方国家上流社会的成员都以使用中国生产的正宗丝绸为荣。陆上和海上丝绸之路共同开辟了国际贸易的畅通渠道，在其间流通的商品不仅包括丝绸制品，还包括来自世界各地的特色产品，可谓国际商业的"大通路"。在这样繁荣的贸易环境中，中国丝绸产品生产规模不断扩大，生产技术也越发精湛。

在密切的商业往来中，东西方文化也获得了长期的交流与融汇，并将光辉灿烂的中华文化传播到世界各地。浙江是中国丝绸的主要产区，而杭州在历史上素有"丝绸之府"的美誉。丝绸市场的繁荣、丝绸文化的传承与发展一直是浙江人的骄傲，丝绸也是浙江文化的一张靓丽名片。在古代，虽然丝绸生产能力较低，但无数能工巧匠的创造发明，是丝绸生产技术水平不断提高的重要原因。即使到了清朝，丝绸生产多数仍属于手工业生产，但在花色品种、工艺水平上有了明显提高。从古老又辉煌的良渚文化到今日浙江丝绸的赓续，尽管期间的生产发展多有起落，但丝绸文化的传承依旧生生不息。丝绸的发展与中国的社会、文化发展历程一样，饱经风霜，这见证着中国从落后的手工业到近代工业革命和现代化生产的大变革，使之走进了丝绸文化发展的新时期。

1. 科技创新助推浙江丝绸产业的良性发展

杭嘉湖地区历来是浙江丝绸生产和贸易的重要区域。鸦片战争后，五口通商，国门洞开，东西方的物产贸易迅速加大。特别是在上海开埠以后，由于浙江具有得天独厚的地理优势和物美价廉的蚕桑丝绸，为丝绸产品的生产和外销提供良好的机遇，使得浙江丝绸文化也出现了难得的繁荣景致。由于在中华人民共和国成立前，中国的科技发展相对落后，政府也没有给予支持，因此，丝绸企业的生产能力和丝绸产品质量都没有得到很大提高。直到中华人民共和国成立以后，浙江丝绸企业才在良好的环境下得以稳步快速的发展。在国家政策的扶持下，先进技术得到研发和推广，一大批丝绸企业重组与建设，极大地提升了丝绸产品的产量和质量。到1958年，中国绸缎新品种有130多种，丝绸出口量是解放初期的10倍。

至1985年，"杭州市的丝绸产业从原来的180多家小工厂、小作坊、小染厂，发展成了多家行业门类齐全、加工能力配套、生产销售结合的大、中型现代化工业企业。"①

20世纪90年代，浙江省政府对丝绸行业进行了大规模的结构调整和改造，

---

① 任东毛. 杭州丝绸行业六十余年回眸（下篇：1985—2013）[EB/OL].（2014-08-13）[2019-09-10].http：//www.wehangzhou.cn/wm/sczfold/content/2014-08/13/content_5400717.htm.

形成了多元化的格局,丝绸企业迈入了一个新的发展时期。近年来,浙江的一些龙头丝绸企业重视科技创新,增强技术研发能力,引进国际最先进的织造设备,并与科研机构联合研发先进的织造技术,逐步更新了老设备、老技术、老工艺,大幅度提高了丝绸产品的数量和质量,降低了劳动成本,减少了原料消耗,提升了产品的等级。如龙头企业之一的"浙江丝绸之路集团"由于出口的生丝质量上乘,成为国际顶级品牌"爱马仕"的首选供应商。

2. 科技创新提升浙江丝绸产品的品牌价值

品牌的打造来源于产品质量,质量的提升来源于先进技术的应用和科技创新。一个知名品牌的塑造是一个系统的、长期的过程,其中产品定位、质量把控、市场开拓、品牌文化推广等都是非常重要的因素。浙江丝绸行业历史悠久,几千年生产织造史奠定了浙江闻名世界的"丝绸之府"的美誉,浙江丝绸因见证了具有4700年历史的良渚文化发展历史而名甲天下。唐代诗人白居易的著名诗句"丝袖织绫夸柿蒂,青旗沽酒趁梨花"就描绘了当时杭州丝绸的精美。产自南浔辑里的湖州丝绸,1851年在伦敦首届世界博览会上荣获金奖,1929年又在全国首届西湖博览会上斩获特等奖。尽管当时的科技发展相对落后,但这些丝绸产品的兴盛和文化的繁荣,也代表了当时丝绸生产的技艺水平、丝绸品牌的荣誉和价值。

科技创新为浙江丝绸生产注入了新的活力,提高了产品的竞争力,塑造了产品的品牌价值。尽管中国的科技水平与世界发达国家相比还有一定的差距,但科技创新极大地激发了丝绸人的实干热情。在丝绸产品的生产技术上,企业一方面积极引进国际上先进的生产设备配合新产品的开发,另一方面,在生产过程中既发扬工匠精神,也积极融合科技,将创新作为核心发展要素,在研发上不断突破。如达利国际集团围绕"面料创新+技术突破+功能研发+体验回归"四大创新模块,在产品生产、时尚设计、品牌文化、市场开拓等方面综合布局;万事利集团采用高科技拓展与丝绸相关的创新领域,提升了传统丝绸产业的品牌价值,运用自主研发的IART技术解决了丝绸生产过程中存在的很多难题,因此,其成为全球顶尖的奢侈品集团LVMH首个公开的"中国合伙人"。从改革开放初期只靠引进国外技术、设备为国外品牌做廉价贴牌加工赚取廉价加工费，到如今向世界反向输出新技术、新品牌，中国的丝绸时尚产业正在崛起。

3.科技创新增添浙江丝绸文化的生机活力

纵观中国几千年丝绸的生产发展，倘若从当今科技创新的视角审读，丝绸文化在丝绸产品中体现的活力显然不足，而且较之于西方丝绸文化的传播和影响也发展缓慢。但在中国世代勤劳的能工巧匠的探索创造中仍织就了多彩的生活，丰富了丝绸文化，而且在东西方"丝绸之路"的交流中持续地传播着中国声音、讲述着中国故事、展示着中国文化。在中国丝绸发展史上，浙江一直是重要的生产贸易区域，特别是宋代以来，随着丝织生产技术的提升和产量的提高，丝织品的色彩更加绚丽，深受社会各阶层人士的喜爱和青睐。工匠、商贾们所带来的精湛技艺和往来贸易，进一步助推了浙江丝绸产业的发展。丝绸文化在众多相关的历史记载、故事传说、诗词歌赋、习俗禁忌等篇章中的精彩描绘和在生产、商贸等领域中的突出地位，都彰显了浙江丝绸文化的深厚底蕴。2009年9月，联合国教科文组织将"中国桑蚕丝织技艺"入选《人类非物质文化遗产代表名录》，这在浙江丝绸文化发展史上书写了新的华美篇章。

今日的科技创新又为浙江丝绸产品的开发增添了新的活力。一方面，丝绸企业为了不断满足人们对美好生活的向往而加大创新力度，另一方面，丝绸企业也在品牌塑造、市场营销、时尚设计等方面不断注入科技创新元素，把传统文化与丝绸生产进行深度融合，努力把丝绸产品打造成深受人们喜爱的生活艺术品。如万事利集团近年来加大了科技创新与文化创意的融合，先后为北京奥运会、上海世博会、北京APEC峰会、G20杭州峰会等多个世界级盛会提供了丝绸文化创意产品的设计生产服务。这些从传统丝绸生产到与科技创新、文化创意的不断融合，让人们认识到丝绸已不只是一种生活所需的面料，更是一种文化传承的载体，装扮着多彩的美好生活，记录着生活的历史和文化的进程。

（二）媒体技术下非物质文化遗产的传承

最初的非遗传播主要通过口耳相传、身传心授式的人际传播和实物传播来实现信息的传递和交流，受众群体和传播速度都极为有限。随着现代社会广播、电视、报纸等大众传媒的不断发展，非遗传播有效突破了时空、环境的局限，传播效率大幅提升。在新媒体时代的当下，以网络、手机和智能设备为代表的数字化媒体形态凸显出信息传播的即时、互动、碎片化和个性化满足，逐渐发展成为非遗传播的主流媒介。所谓非物质文化遗产数字化，是指利用数字采集、存储、处理、展示和通信技术，将非物质文化遗产转化、复制和恢复为可共享和可再生的数字形式，并从新的角度，以新的方式解释和保存，以满足新的需求。2006年以来，在原文化部的大力推动下，中国各级非物质文化遗产保护中心相继成立。越来越多的非遗资源通过数字化形式予以采集和存储，并建立了一批国家级和省级非物质文化遗产网站和专题数据库，初步构建了非物质文化遗产数字网络服务体系。由此，大量濒危且有珍贵历史价值的非遗项目得到了真实、全面、系统化地收集、整理、记录、保存、展示和共享。同时，相对于文字、录音、影像等传统保护手段而言，数字化形态的非遗资源将更加保真、安全和适于长久保存。事实上，非物质文化遗产的数字化保护不仅是一项抢救记录，也是互联网时代有效传播的坚实基础。近年来，在网络通信、智能终端等技术支持下，非遗的数字化展示与传播变得更加充分和便利，海量的非遗数字资源也得到最大限度地共享和利用，主要体现在以下三个层面：其一，利用多媒体技术构建基于文字、图片、音视频、三维展示、全景摄影等表现形式的非遗数字博物馆，突出非遗内容的原始真实再现；其二，通过3D建模、虚拟场景等技术，从内容、形式和手段多方面给予非遗文化内涵富有时代感的创新呈现，注重用户体验的互动性和趣味性；其三，在基于用户关系的在线社交网络情境下，以朋友圈、微博、手游、公众号、头条号等为代表的社交媒体利用社群效应和粉丝关注效应，大大提升了非遗传播的广度和深度。

第三节　中华优秀传统文化与教育改革

一、优秀传统文化传承对教育改革的意义

文化创新与教育创新是一对孪生姊妹，文化创新必将对教育创新产生很大的影响，而教育创新也不可避免地影响着文化创新。这就迫使人们用冷静客观的态度对现行文化观念、文化制度等方面进行全方位的反思与创新。

（一）教育创新本身就是一种文化活动

文化与教育之间存在着不可分割的关系，这一点仅仅分析二者的词源就可以得知。在拉丁语和古英语中，"文化"这个词的本义包括"耕耘"或开垦土地的意味，由此可见，古人很早就发现并认可了文化与劳动之间存在的紧密关联。其后，罗马思想家西塞罗为"文化"一词赋予了新的含义——准确地说，他在原有表达的基础上创造出了"culturementis"一词，它的本意是"耕耘智慧"，并且额外包含了"为人类的内心世界带来改变，使人的心灵变得充实"的意味，指向"将人培养成具备理想素质的公民"的目的。

18世纪，法国作家沃弗纳尔格（Luc de Clapiers Vauvenargues）和大思想家伏尔泰先后围绕"文化"这一宏大的主题进行了论述与探讨。在他们看来，该词隐含着人在经受一定的训练、提升自我心智之后达到的更为理想的状态，因此，本词可以反映一个人在接受（正规的）教育之后所能取得的实际成就，体现了教育向人们赋予的价值与帮助。在希腊语词汇中，"paideia"一词的含义不完全等同于汉语词汇的"教育"，它的意义与情感色彩比较接近"教化"，这个词也是法语中的"pedagogie"（教育）的词根来源。如今，书面和学术英语也常常用"pedagogy"一词来表示"教育学"。

在汉语词汇中，"文化"这个词的本义与来源是"人文化成"，具体来说，就是借助教化活动，让人逐渐成为一个教养高尚的人，这一过程称为"文化"。所以，

在早先的汉语措辞中,"文化"与"教化"也有着直接的联系。综上所述,不管是中文还是英文,从词汇源头来看,"文化"和"教育"两个词之间都有着不可分割的联系。而现实中,文化事业和教育工作间存在的直观关联,也可以从这种来自词语源头的同义性之中分析出来。

按照现实中二者的起源阶段、具体定义与表现,文化则是一个更大的范畴,它包含着教育这一活动;或者说,从诞生之初,教育就是文化的衍生产物。最原始的教育形式主要是经验丰富或能力强者的示范活动,和他人的有意识模仿,具有传习的性质。在最初的"文化"出现之后,人逐渐拥有了"学习"和"自我提高"的意识,会有目的地反复实践同一件事,并且从错误和失败中寻找原因、吸取教训、积累经验,这样一来,人们的认知范围越来越广泛,对事物的判断也越来越准确。人们已经比较清楚地认识到哪些事情是可以做,哪些是不可以做的,也越来越详细地为每件事情划分出实践价值,在这之后,教育活动便出现了,经验丰富的长辈会将个人体验与认识传授给晚辈。所以,人类学中最普遍的观点是,文化的出现为教育奠定了产生和发展的基础。也可以说,教育事业本身就代表着人类文化发展到一定阶段所取得的重大成果,是文化的承载形式之一。有了教育的引导,很多年轻人能够避免不必要的挫折和探索,基于前人的经验选择更加通畅的道路,而且还能够通过教育内容充分汲取先人所总结的生产经验,受到先人的精神价值观念的引导和激励,由此非常直接地获得物质生产知识,以及增强精神活动的能力。在自身有了亲身实践体会之后,又可以进一步与先前已知的文化对比,更新和改进其中落后的部分,调整现有认知,为新文化的产生与发展提供资源。

(二)教育在文化传承与创新中使文化永葆活力

作为人才培养的教育过程,除了对文化的选择和传递外,还包含对传统文化的变革和文化创新。任何一种教育都会影响人的价值观念、知识结构、个性特点和行为方式,进而又以行为和语言的形式表现于社会生活之中,丰富和更新原有的文化系统,改造原有的文化结构,从而对社会文化起到一种强烈的活化和促进作用。正如黑格尔所认为的,文化遗产,当我们去吸收它并使它为我们所有时,我们就已具备了某种不同于它以前的特性。于是，那种接受过来的遗产就这样地改变了。这就是说，文化传递事实上也是一种文化涵化，即系统的重组。这种选择与重组既包含各个原有文化要素的选择组合，同时又包含了自己的理解与判断，从而导致整个系统发生不同性质的变化。教育使人类在历史进程中所形成的人类固有的本质移植、内化于新一代的个体之中。这种移植并非使这种固有本质原封不动地承袭下去，往往都会因教育的选择和环境因素变化而产生一定程度的嬗变，以致教育在塑造新一代时，会有新的需要、新的品质和新的观念。作为文化载体的人的变化，意味着传统的变革和文化的变迁。借助于科技文化再生产，实现人类自身素质的再生产，这是教育本质的一般规定。

教育是创新性文化生产的重要基地。文化就其内容而言是物化了的精神产品，它同物质产品一样，都是人类劳动的结晶。人类劳动创造文化产品的过程，即进行文化生产的过程。教育的作用，一方面是把历史上的文化产品继承、传递下来，因而必须把它们再生产出来；另一方面，更重要的是进行创新性文化生产，对以往的积累和现实经验进行综合加工，从内容上开拓创造新文化。

创新性文化生产出来的是用来满足人类物质活动和精神活动所必需的思想观念形态的产品，如科学、哲学、政治、法律、文化、艺术、道德、宗教的观念和理论体系等，而这主要是通过教育来实现的。由此可见，创新文化的提出是文化创新的产物。一个新的文化教育崛起，首先应意识到已有什么样的文化，而又缺什么样的文化，并在适应新的文化运动中抵消滞后的垃圾文化，从而支撑起文化育人的保护屏障，建立一种可持续发展的机制。

（三）教育促进文化的传承创新

从文化的属性上审视教育创新，可以发现，教育创新以文化的潜规则来解读教育发展的状态、用文化的定位来体现教育的社会价值，这是一种能动的态势，是内在的灵魂中所形成的终端驱动力，是从文化创新的角度来推动教育的品牌、品质和创新。

教育活动与物质生产活动相比，它的一个重要特点，就是它是一种认识活动、一种文化活动。教育对文化的传递、选择和创新是系统的整体。传递的是经过选择的文化,创新的是经过传递的文化。创新是为了更好地传递,选择是为了有目的的创新。没有选择就没有传递,没有传递就无所谓选择。没有传递哪来的创新,而没有创新选择还有何意义?教育正是通过不停地选择—传递—创新—再选择—再传递—再创新的过程循环往复,使文化得以形成、发展、延续,它是文化的传递与传播,是文化的净化与升华,是文化的创新与发展。教育创新是以文化为基石、以文化为媒介、以文化为实体的活动。因此,进行文化创新时,必须以最现代化的文化和科学为内容、以最先进的技术和设备为手段、以广阔的活动方式(生产方式、消费方式)为基础、以人的现代化为目标,对学生进行创新教育,全面继承人类的优秀文化遗产,融合现代科学精神,创造出代表社会发展潮流的主流文化,否则就不能适应现代社会发展的需要,也就不会有具有中国特色的社会主义文化。

二、中华优秀文化传承与教育改革创新的融合

(一)珠算文化在高校素质教育中的应用

1. 珠算文化传承对高校素质教育的重要作用

首先,珠算是对动手能力和动脑能力的全方位训练,有助于提升大学生的综合素质、强化个人能力。珠算练习涵盖了许多内容,流程相对复杂,学生要从看题、读数开始,依次定位、起档、置数,最终抄写答案,每一个环节都是对学生综合能力的锻炼,包括观察能力、注意力集中程度、记忆力等。基于珠算发展而来的珠心算更是对理性思维的考研,在激发学生想象力、开发学生智力、培养和提升学生创新能力的实践中发挥着重要作用。另外,珠算运算过程的要求十分严谨,要求每一个细节都准确到位,不能出现差错,这一点能够有效促进大学生的即时思考能力,培养条理清晰的逻辑思维、冷静辨析的头脑和一丝不苟的工作学习作风,从而促进大学生综合素质的提升。

其次，珠算在大学生大脑平衡发展的锻炼中也能起到可观的作用。相关研究结果表明，人的左右大脑分别承担着不同的作用，大体上来说，两侧的大脑分别负责支配相对侧的肢体活动，此外，左脑的主要功能还包括支持数字计算、逻辑思维、组织语言、感知时间变化等；右脑支持形象思维、声乐听辨、舞蹈活动、感知空间变化等。人脑的潜力是相当巨大的，一般情况下，人受到大脑能力的影响，都存在偏重于某一侧肢体活动的行为习惯，有些人虽然拥有很强的逻辑思维能力，然而想象力比较匮乏；而有些人拥有出众的艺术感知力和形象思维，逻辑推理的能力却又不足。而珠算和珠心算就是同时训练两边大脑能力的有效途径之一：大学生在接受珠算训练的过程中，用右手打算盘的练习有助于开发左脑的能力，而珠心算锻炼又能够促进开发右脑能力，这样一来，结合珠算和珠心算两种训练模式，大学生能够更进一步促进右脑的均衡和协调发展。

再次，珠算有助于增强大学生的身心健康。在珠算训练中，大学生的手指经常在算盘上拨动，能够有效刺激手指经穴，促使毛细血管扩张，进而促进血液循环，有益于他们的身心健康。同时，在日常的训练中，经常进行一些"对赛式训练"和"观摩式训练"，有助于培养大学生处变不惊的心理素质，增强抗压能力。

最后，珠算有利于大学生良好素质与作风的养成。珠算不单单是一门技能课，更是一门良好素质与作风养成的训练课。在珠算心算强化训练中，能充分调动大学生眼、手、脑、心、耳等多个器官协同工作，让大学生将认数、定档、拨珠、记录答案等一次完成，培养他们专心、冷静、细致、精确等特质。而且大学生能打出一手好算盘，也是长期艰苦训练的结果，也有助于培养他们的坚强意志和敬业精神，这也是一名财会人员应具备的品质。

2.高校财经专业传承珠算文化推动素质教育创新的策略

2019年2月13日，财政部办公厅印发《关于加强珠算心算传承发展工作的意见》，对加强珠算心算传承发展工作进行了重点部署：一是加大珠算心算教育推广普及力度，二是大力宣传和弘扬珠算心算文化。这意味着一度被社会冷落的珠算文化再一次被重视。借助政策的东风，教师应身体力行，将传承珠算文化与大学生素质教育相结合、专业教育和职业素养相结合，让高校成为传承珠算文化的舞台，不断推动素质教育的创新。

（二）曲艺文化在高校教育中的传承

1. 构建曲艺学学科体系

中国曲艺自身的历史性、复杂性决定了中国曲艺学成为一门学科的必然性。只有在拥有一个健全学科体系的前提下，配以正确的理念、科学的人才培养模式，才能顺利开展一系列正规的教学活动。构建中国曲艺学学科体系成功与否，关乎曲艺学科教育的全局和未来，是每位曲艺工作者、民间艺人、相关曲协机构以及担负曲艺传承与发展使命的高校义不容辞的责任。目前，曲艺教育整体上采用传统授课模式，课程也缺乏独特的艺术教育范式。因为当代高等教育的整个课程设置是按照公共教育体系设计的，公共教育体系不适合培养传统艺术的表演人才。曲艺作为传统表演艺术，传承至今有其自身发展规律，培养新一代曲艺传承人需要在符合曲艺教育规律和人才培养方案的基础上逐步设计人性化、科学化的教学课程，提高曲艺传承和人才孵化效率。曲艺教育的政策生态就是要借助生态学思维，构建具有中国特色的曲艺教育政策体系，从政策倡导、实施实现曲艺教育理念的落地，为更好地培养创新型曲艺表演和创作人才提供制度保障。

2. 打造复合型师资团队

第一，应充分调动全国范围内的曲艺人才资源，在我国高校的曲艺音乐教学课程建设中，凡是具有代表性作用的曲艺人才都可以发挥表率作用，如具有足够水准的民间艺人、传统戏曲传承人、著名曲艺艺术家、省市曲协专家、曲艺界学者、研究机构人员以及对曲艺艺术怀有充分热爱的教育工作者等，这些群体都能够为高校曲艺音乐传承教育提供力量，并优化曲艺课程现有的师资结构。在传统的曲艺课程教师团队中，民间艺人发挥着主体作用，而当下高校可以考虑建设以民间艺人为主、以曲艺专业教育工作者和曲艺艺术家等为辅的多元师资队伍。

第二，完善教学机制，鼓励高校在校曲艺教师和民间艺人相互帮扶、相互借鉴经验。高校教师可以向民间艺人分享自己的教学经历与教学心得，分析教育学层面的理念和方法；民间艺人则可以向高校教师展示更多表演技巧和曲艺诀窍。借助这种互补的方式，校方可以充分利用高等教育系统化、规范化的强项，为传统教学模式下"口传心授"的方式提供补充，让现代化教育观和传统教育形式构建互补关系，打造理想的教育范式，进而在曲艺人才培养系统化模式的建设上迈出崭新的一步。

此外，受到个人素质的影响，民间艺人的教学方法存在一些弊端，比如，课堂表达不到位、教学用语不够严谨等。为了解决类似的问题，有必要对承担授课任务的民间艺人进行专项培训、增强艺人的文化修养、训练专业的课堂语言表达能力，并启发艺人反思与改进现有的教学模式，深入激发自我效能感，并自觉肩负起文化传承的教育使命。

3. 因地制宜建立曲艺教材体系

设立曲艺类课程的高校可以考虑为这类课程专门组件教材编写团队，充分参考曲艺领域内的学者、本地民间曲艺艺人和关联学科的教育工作者的意见，从实际情况和发展需要出发，编写能够体现和适应本校教学原则、教学规划和发展目标的完整教材。此外，应该为不同的课程体系专门编写和分配不同的教材。教材的面向群体应该足够宽泛，不仅要有以培养曲艺专业人才为主旨的教材，还可推出一些普及性教材，为其他专业的学生讲解曲艺基本知识、提供鉴赏素材，这样的教材一般要符合图文并茂的要求，不仅为高校开设曲艺通识选修课程提供条件，还为大学生博雅教育提供支持。

第四节 中华优秀传统文化与旅游文化产业发展

一、旅游文化产业的作用

（一）有利于促进我国旅游产业新格局的形成

在新时代背景下，文化建设持续发展，人们的理念发生着日新月异的变化，因此，针对旅游产业提出的要求也越来越高、越来越具体，截至目前为止，旅游产业的面貌达到了一个全新的层次，亟待把握时代发展的趋势，实现全产业的多方位调整和提升。在实现这一目标的尝试中，有机结合文化产业与旅游产业是一个十分有效的策略，能够为旅游产业的革新带来更加新鲜的动力与活力。不但如此，当今社会背景下的产业竞争愈发激烈，产业整合的趋势也越来越明显，为了协助旅游产业打开新的发展格局，有必要将其和文化产业联合发展，达到彼此促进、共同创新的目的。在我国旅游产业新格局的构建过程中，文化旅游产业是一个发挥着重要作用的关键领域。

（二）有利于促进我国旅游产业发展方式的转变

从目前来看，我国旅游产业的发展方式依然不够先进，制约了文化旅游的建设进程，因此旅游业的整体档次依然有待提升。旅游业与文化之间存在着相辅相成的关系，从旅游发展的角度来说，文化元素的注入能够为旅游产业带来更为充分的资源，从根本上提升旅游的品位和档次，进而推进旅游产业运行方式的转型；从文化传播的角度来说，旅游产业是一个非常理想的载体，能让游客亲身体会当地的特色文化，此外，旅游项目和资源的开发还能大大促进传统文化的创新建设和产业化建设，游客不再是单一地观赏风景与文化遗址，而是能沉浸式体验本地文化，这不仅是对旅游业面貌的根源性革新，更是弘扬我国博大精深的历史文化、建设丰富多彩的现代文化的有效途径，能为旅游产业实现从"量"到"质"的升华，让我国的旅游经济产业上升到一个全新的境界。

(三)有利于旅游产业功能的完善

旅游产业的功能是多方面的,它不仅能够创造许多劳动岗位、还能有效带动当地的就业、促进经济水平的提升,还有助于为旅游者开阔眼界、增加知识储备、改善人们的身心健康状况,甚至还能提升个人境界。在以往的旅游业建设中,相关部门往往单纯地看重旅游产业带来的经济效益,没有认识到精神生活建设之类更高层次的功能。然而,随着人均文化素养的提升和社会理念的变化,越来越多的个人和集体开始关注旅游业的教育功效,并将其纳入旅游建设的考量范围,旅游企业逐渐在经营范围中加入文化产业的成分,通过二者的结合,在发展旅游产业经济的同时为社会公益做出贡献,充分发挥旅游业的教育价值,促进当地文化的传播,并以旅游业带动全方位的发展。

(四)有利于促进先进文化的传播

文化创意产品是文化旅游产业的重要组成部分,在相关建设中,有关部门可以设计和生产一批富有地方特色的旅游产品,把静态的文化资源转变为动态的文化产品产业,让原本封闭的文化流动起来,将地方性的文化以具象的形式呈现在更多人的面前,这一举措不仅有助于传播中华传统文化中的精华思想和先进内容,还能够为现代文化的建设提供动力、创意和资源,促进社会主义精神文明建设的大力开展。

(五)有利于促进旅游目的地品牌价值的充分兑现

通常情况下,人们都会把富含文化底蕴、文化遗址分布广泛的地区作为文化旅游的目的地,这些地区中有许多不管是在国内还是国外都负有盛名,品牌价值极其可观,所以地区乃至整个国家都倾向于借助文化遗址来塑造和传播自身的形象,打造文化旅游产业的亮丽名片。同时,丰厚的文化底蕴能够极大地充实旅游的内涵,使旅游品位更上一个台阶,更好地彰显和发扬旅游目的地的深层次价值。

二、旅游文化产业发展及对策

（一）深化文化旅游的管理体制改革

随着文化与旅游之间的融合更加紧密，对文化旅游管理体制提出了新的要求，未来要将文化管理系统与旅游管理系统进行结合，以适应文旅产业的深入及新型化发展。

（二）开发旅游资源、促进文旅产业的品牌化发展

文化旅游资源的开发核心在于文化创意，今后要在结合当地文脉基础上通过旅游形式体现出来，以促进文化旅游资源的深度开发和文旅产业的品牌化发展。

（三）加快人才培养，夯实旅游产业的发展基础

与文化旅游产业有所关联的内容非常多样而且广泛，旅游产业也和其他许多社会产业有着十分密切的联系，要想促进文化旅游的可持续发展建设，国家和相关机构应当重视旅游业人才的培养，全面提升从业人员的专业素养，并让我国人力资源丰富的优势得到充分的利用。

三、优秀传统文化传承创新对旅游文化产业的影响

（一）旅游是优秀传统文化展示的重要形式

在旅游产业之中，文化的价值就等同于"灵魂"，通过旅游资源的形态向大众呈现，其主要的体现方式和存在形态涵盖了物质文化遗产与非物质文化遗产，前者包括文化遗址、遗迹、出土文物、历史建筑、人文景观和艺术形式留存等；后者则主要体现为民间艺术、传统习俗、民族风情之类的民间文化。对于这些文化遗产来说，博物馆、艺术馆、遗址公园、文化公园、历史和文化街区等旅游公共产品都是主要且直观的承载方式，游客可以根据自己的实际需要，自由选择希望体验和享受的内容，包括传统的旅游景观、即时现场舞台演出、休闲游憩活动、互动性体验节目和研学课程等。

可以说，旅游产品承载着优秀传统文化的社会价值，是发挥传统文化的现代意义最为有效的途径之一。旅游产品的形式也是极其广泛的，就算是如今已经成为城市基础设施、美丽乡村建设甚至生产生活基本构成要素的文化元素和文化符号，也能够以旅游公共资源、旅游公共设施之类的性质让旅游者在旅游体验中获得更为理想的公共服务，同时从细节出发，打造优质的旅游公共环境。

（二）旅游是传统文化传播交流的重要渠道

旅游的主体因素是人的流动，所以它也能够十分自然地实现文化的推广与传播，在不同地区之间通过人员往来实现交流与互动，作为经济发展和文明传递的重要渠道，在人员流动的过程中，旅游者理所当然地扮演着文化载体和传播者的身份，承载着促进各地区文化的交流。改革开放政策实施以来，我国面向全世界打开国门，国际旅游在我国收获了不菲的建设成就，许多优秀的、具有代表性的中华传统文化都伴随着海外旅游人士的步伐走出国门、迈向世界，为全球不同国家、不同民族的人带去了全新的文化体验与享受，其中包括中餐、唐装、中医药、中国武术等，这些优秀文化都获得了海外人士的广泛赞誉，如今，在许多欧美国家也都可以发现以中华文化元素为主体的文化产业和社会服务。

中华优秀传统文化要想在新时代下焕发更为鲜活的生命力，就有必要积极投入世界文化的交流和沟通中，该理念的落实途径是多方面、多角度的，可以让海外旅游者在中国境内旅游，在旅游经历中亲身体验中华文化，之后把感受的文化带回自己的家乡、带给全世界；也可以鼓励有条件的中国公民在出境旅游的过程中向国外人士传播中华文化，以自己的言行彰显中国风貌。总而言之，对于传播和发扬传统文化来说，旅游一直以来都发挥着最为直接、最为突出的作用。

仅从国内旅游的角度来分析，在讲解、传播和发扬传统文化，弘扬传统美德的实践当中，旅游也可以发挥重要的作用。许多具有悠久的历史传承或承载着重大历史事件的地区都有成为旅游景点的潜力，这些地区都承载着厚重的历史文化，当地的风土人情是对传统文化的生动诠释，许多革命圣地至今依然能够将红色文化发扬光大。从这些地区的文化资源中，旅游产业相关人员可以汲取充足的文化创意，打造富有价值的特色旅游产品，巩固和充实当地的文化资源。总而言之，旅游对于文化传播来说，是不可或缺的实现渠道，在文化交流中发挥着独树一帜的作用。

（三）旅游是传统文化创新性发展的重要手段

旅游业受到自身性质的影响，一直以来都对产业的创新和创意提出相当高的要求，而文化创新也反过来受到旅游文化的重要影响。在瞬息万变、日新月异的时代潮流之下，即使是优秀传统文化也不能故步自封，应该顺应时代的变迁和人民需求的改变而自我调整、创新发展。现代社会的科学技术和文化观念都在以惊人的速度更新换代，因此，传统文化更应该采用现代化的表现形式，为自己注入全新的时代内涵，开辟新的文化传播途径，把中华民族优秀的文化基因深深镌刻在当代文化与文明社会之中，与广大人民群众的文化需求彼此协调、彼此促进，引导在信息社会中成长的新一代的年轻人更深入地理解、体会并接纳优秀的传统文化。

旅游文化的承载手段是多样的，它能够凭借与时俱进的更替和层出不穷的创意，持续地吸引社会的关注和支持，通过广大群众最喜闻乐见的方式来体现和传达传统文化的精神内涵，反映和寄托传统文化的形态与特征。近年来，我国的旅游行业推陈出新，面向全社会提供了一大批让人耳目一新的优质文化产品，这其中包括围绕着嵩山文化的《禅宗少林》、在 G20 上亮相的《印象西湖》、故宫旅游企业打造的文创产品以及作为国礼的"鲁班锁"现代工艺品，所以这些优质文化产品，无一不是将旅游业作为载体，并以富有创意的形式向世界阐释中华文化的精华所在，而且其表达手法完全没有故作玄虚和高深莫测之感，相反，在普通群众之间既便于理解、又广受欢迎，为人们所乐道，作为文化展示方式有着显而易见的亲民性，而且，无论观赏者来自何种文化背景，都能够从这种表达方式中直观地体会并理解中华文化的内涵。此外，前述的旅游转化和创新发展方式结合了许多方面的传统艺术形式，在古典艺术的继承与创新发展上做出了不可小觑的贡献，具体包括传统舞台艺术、传统表演艺术、传统工艺美术等。

（四）旅游是社会力量参与传统文化保护传承的重要途径

广大人民是创造和继承文化的主体，所以，传承和创新优秀的传统文不能仅仅依靠政府与学术界的力量，只有在全社会参与和支持的前提下才能顺利实现。不过，政府依然要发挥主导和激励的作用，将更加充分的社会力量吸引到传统文化继承和建设事业当中，营造全体社会公民广泛参与文化传承的气氛，并有效发挥市场化手段的作用，使得中华优秀传统文化获得社会各界资本的关注与支持，这不仅能为文化传承提供更多物质资助，还能打造出各种优秀的文化产品，并带动相关产业的发展。

一般来讲，有社会资本成分的文化传承发展项目可分为公益性项目与市场化项目两种。在围绕优秀传统文化这一主题开展的市场化应用时间当中，最直观的方法、最主要的手段之一无疑是旅游文化开发和利用。根据现有的建设成果来看，我国在通过旅游产业手段保护并传承优秀传统文化的尝试中，已经取得了非常显著的成就，许多普通民众都在旅游体验中近距离地体验和接触了传统文化的物质承载形式，而相关企业也从中收获了可观的利益，尤其是各种与非物质文化遗产有关的旅游和大众文化项目——如"非遗"进景区、"非遗园"建设、"非遗"社区营造等都取得了肉眼可见的成功。所有这些项目收获的成果都离不开旅游化的应用途径和市场化的流转渠道。

综上所述，只有获得全社会共同参与的力量与支持，才能真正保护和继承中华优秀传统文化，并将其在新时代发扬光大。现代旅游业建设需要将文化内涵放在核心位置，使文化成为产业资源的不竭来源，为现代服务业增添发展力量。现代旅游业应当具备灵活多样、种类繁多、形式广泛、设计范围宽泛且便于大众接受的展示手段，为保护和传承中华优秀传统文化做出贡献，同时，促进传统形式的创造性转变和创新性发展，并在潜移默化间提升受众人群的民族文化自觉与文化自信，为我国社会在新时代下的精神文明建设做出贡献。

参考文献

[1] 马晖，谢玲.文化自信视域下中华优秀传统文化传承与发展研究[J].河北能源职业技术学院学报，2022，22（3）：18-21，25.

[2] 杨九龙，贺秉花，尹莉.中华优秀传统文化传承发展：渭南鼎礼文化的弘扬创新[J].图书馆论坛，2022，42（9）：9-14.

[3] 焦敏.大力推进中华优秀传统文化融入中华民族共同体教育[J].中南民族大学学报（人文社会科学版），2022，42（8）：45-49，182-183.

[4] 胡钰，朱戈奇.网络游戏与中华优秀传统文化的当代传播[J].南京社会科学，2022（7）：155-162.

[5] 魏勇.中华优秀传统文化创造性转化和创新性发展的逻辑进路[J].中南民族大学学报（人文社会科学版），2022，42（7）：65-73，183.

[6] 王立胜.马克思主义与中华优秀传统文化融合的哲学探析[J].济南大学学报（社会科学版），2022，32（3）：22-31.

[7] 雷世威.中华优秀传统文化的思政教育创新传承[J].中学政治教学参考，2022（20）：105.

[8] 刁生虎，李俊丽.融媒时代中华优秀传统文化传承发展的成功范例——河南广播电视台"中国节日"系列节目评析[J].北方传媒研究，2022（2）：17-21.

[9] 杨圣煊，郭海威.科技视域下文化传承类国风创演节目的"下沉式"探索[J].科技智囊，2022（3）：66-71.

[10] 卫灵.传承和弘扬中华优秀传统文化[J].红旗文稿，2022（5）：34-37.

[11] 任映红. 乡村文化难题破解与中华优秀传统文化价值实现研究透析 [J]. 毛泽东邓小平理论研究，2022（1）：48-55，108.

[12] 王丽霞. 中华优秀传统文化创造性转化和创新性发展路径探析 [J]. 山东社会科学，2021（11）：85-92.

[13] 王婧惠. 中华优秀传统文化传承视角下的高校文化主题教育研究 [J]. 文化学刊，2021（10）：202-205.

[14] 张咪. 网络时代中华优秀传统文化的转化与发展 [J]. 广西社会主义学院学报，2021，32（3）：80-84.

[15] 赵艺航. 陕西三所高校"中华优秀传统文化传承基地"的现状调查研究 [D]. 西安：西安音乐学院，2021.

[16] 王明娣，翟倩. 中华优秀传统文化融入教学的价值、困境及路径 [J]. 民族教育研究，2020，31（6）：24-30.

[17] 韩美群. 新时代传承与发展中华优秀传统文化的方法论探析 [J]. 马克思主义与现实，2020（5）：97-102.

[18] 周建新，谭富强. 中华优秀传统文化在人工智能时代的发展模式创新 [J]. 中原文化研究，2020，8（4）：36-42.

[19] 陈莉. 文化认同：中华优秀传统文化传承和发展的内在动力 [J]. 山东社会科学，2020（7）：56-61.

[20] 李淑敏. 中华优秀传统家训文化传承发展研究 [D]. 长春：吉林大学，2020.

[21] 徐礼红. 中华优秀传统文化的价值意蕴 [J]. 江西社会科学，2020，40（5）：226-232.

[22] 黄意武. 中华优秀传统文化创造性转化、创新性发展面临的障碍及破解路径 [J]. 重庆社会科学，2020（5）：119-128.

[23] 戴妍，陈佳薇. "一带一路"背景下中华优秀传统文化传承的现实境遇与教育应对 [J]. 贵州师范大学学报（社会科学版），2020（3）：65-75.

[24] 吴增礼，王梦琪. 中华优秀传统文化创造性转化与创新性发展的维度和限度

[J]. 湖南大学学报（社会科学版），2020，34（1）：1-7.

[25] 杨乃桂. 高校开展中华优秀传统文化传承实践——以桂林旅游学院研学旅行方案设计为例 [J]. 当代旅游（高尔夫旅行），2018（7）：84-85.

[26] 唐婉. 新媒体对大学生传承中华优秀传统文化的影响与对策研究 [D]. 武汉：武汉工程大学，2018.

[27] 张永奇. 中华优秀传统文化传承发展机制的构建：价值、内容与策略 [J]. 马克思主义研究，2017（12）：80-87，158.

[28] 郑晶晶. 社会主义核心价值观的中华优秀传统文化底蕴研究 [D]. 大连：大连海事大学，2017.

[29] 王卫平. 中华优秀传统文化 [M]. 苏州：苏州大学出版社，2018.

[30] 赵建华. 社会主义核心价值观与中华优秀传统文化传承 [M]. 石家庄：河北美术出版社，2016.